隔壁的億萬富翁在下午5點以後會做的事

從日常小事開始的45個原子習慣與致富思維

嶋村吉洋——著
実瑠茜——譯

Contents

第一章

幸福的億萬富翁到了下班時間會做什麼事？

第二章

公司以外的「夥伴」能為你帶來工作與金錢

第三章

要去哪裡，以及如何自我推銷？

第四章

只要信任夥伴，事業就能拓展！

第五章

邁向只有抱持「投資者思維」的人才能賺錢的時代

終章

擁有社群的人終將贏得勝利

前言

你和「幸福的億萬富翁」的最大差異

雖然這麼說有點唐突，但在這個世界上，有些人可以變成有錢人，有些人卻無法做到這一點，你覺得當中的差異究竟是什麼呢？

當然，即便是「有錢人」，也可以分成從父母那裡繼承豐厚資產、藉由賭博等方式短暫致富的人，以及靠自己白手起家且賺到大錢的人。

無論世界情勢發生什麼樣的變化、在事業上遭遇怎樣的失敗與金錢損失，總有一種人永遠能東山再起，並享受人生——他們是「真正的」有錢人，而本書將這種人定義為「幸福的億萬富翁」。

「幸福的億萬富翁」他們不僅僅是有錢人而已，他們掌握人力資本、金融資本與社會資本，**能和「想一起合作的夥伴」在「想要的時間」做「自己想做的事」（只因為他們想這麼做），所以過得非常幸福**。關於這一點，我會在後面進一步說明。

這樣的人與普通人有何差異呢？答案很簡單，那就是**他們利用下班時間（下午五點以後）的方法和一般人大不相同**（儘管也有下午六、七點下班的公司，但這裡還是暫且把下午五點當作下班時間）。

比方說，原本你計畫在下午五點以後進行和自我提升有關的事，但這時主管突然問你能否留下來加班，你會做出哪種選擇呢？

①用「我已經有其他安排了，無法加班」的說法加以拒絕。

②心想「這也是沒辦法的事」，並接受加班的要求。

這裡要探討的不是這兩種選擇孰優孰劣的問題。不過，我認為做出的選擇不同，將會讓你的未來產生顯著的差異。

舉例來說，今天選擇吃高熱量食物、窩在自家沙發上耍廢的人，未來很有可能會變成一個胖子。相反地，今日選擇攝取營養均衡、熱量適中的食物，並且適度運動的人，將來很有可能擁有緊實的身材。

也就是說，今日生活的延續造就了未來，所以，我認為未來是由「現在」的選擇所決定，而這一連串的「選擇」造就了我們的人生。

這些幸福的億萬富翁總是在思考一件事：「**這對我來說是否為有效的選擇？**」

應該先創業，還是先建構支持自己的社群？

說到選擇，有件事一直令我感到匪夷所思。

為何大多數的人選擇「先創業，再建立真心支持自己的社群」，而不是「先建立真心支持自己的社群，然後再創業」？

懷抱著這種單純的疑問，並將後者付諸行動的我曾經被各式各樣的人如此詢問著：「為什麼先建立社群會比較好呢？」

對於這個問題，我的回答是：「這是為了不要『臨時抱佛腳[1]』（泥棒を捕らえて縄を綯う）。」

只要在網路上查詢「臨時抱佛腳」，就會看到「用來『嘲諷平時不準備，事到臨頭才急忙找尋對策』的詞語」的解釋——我要先強調，我完全沒有要諷刺他人的意思，但我認為凡事都有先後順序。

雖然以下這個比喻十分低俗，但還是請你思考一下：我們應該先脫內褲再大便才對，但如果先大便，然後才脫內褲的話，那就必須宣布進入「緊急狀態」了。

一次做一件事是對的，但假如順序弄錯了，就會讓人宛如置身地獄。

1 譯註：在日語中，「泥棒を捕らえて縄を綯う」是指「抓到小偷之後，為了把他綁起來，才開始搓繩子」，其意思近似中文的「臨時抱佛腳」、「臨陣磨槍」。

【脫內褲】↓【大便】＝天堂
【大便】↓【脫內褲】＝地獄

在一般情況下，「先創業，再建立社群」也許等同於地獄。我想，反過來做應該會比較好。

【建構社群】↓【創業】＝天堂

不只是創業，這個邏輯在其他事情上也同樣適用。如果我們選擇先創業，然後才開始建立社群，那麼在資金、人才、體力、心理等方面將會變得非常辛苦——如果是這樣，我覺得「先建立社群，然後再創業」會比較好。

讀到這裡，有些人可能會抱持這個疑問：「嶋村先生！理論上或許是這樣沒錯，但你真的有因此做出成績嗎？」

必須說，有這種疑問的人請放心，我目前已經和幾千人合作過一百多項專案，同時也擔任執行製作人，每年會製作一部電影，而在我所製作的電影當中，已經有兩部電影接連在國際影展裡獲得獎項。

不僅如此，我還是東京電視台、Oricon股份有限公司等幾家公司的大股東，我的持股總市值約三十億日圓。與此同時，我也是在東京二十三區擁有約兩千坪土地、面積相當於一座足球場的大地主。這世界上有很多厲害的人，但我在想，我也算有做出一點成績吧！

本書要傳達的事非常簡單，而且都能加以重現。倘若你將書裡所提到的這些簡單的事情付諸實行，並做出「正確的」選擇，我相信你一定能變成幸福的億萬富翁——信不信、做不做都由你自己決定。

相信我，成為幸福億萬富翁的你已經在我的眼前逐漸顯化，我衷心期盼那一天的到來。

序章

現在已經是事業取決於「人際連結」的時代！

——從十六歲開始工作的少年成為幸福億萬富翁的原因

億萬富翁是在建構社群之後產生的

請讓我重新介紹一下自己：我叫嶋村吉洋，十幾歲時就自行創業，目前以製作人與投資人的身分活躍於各式各樣的產業，而我的工作主要涉及電影製作、股票投資、不動產投資、公司經營、顧問諮詢等各種領域。

我之所以能做這麼多種工作，**那是因為我用「團隊建立」（teambuilding）與共同合作」的方式來建立社群，並以此從事各種工作**。

何謂「團隊建立與共同合作」？簡單地說，就是先建立社群，然後再透過「合作」的方式，針對某個目的（或目標）推動某項具有成效的專案。

或許這有點難以理解，但本書將舉出具體實例，並仔細說明。因此，在這個階段，你只要有「原來還有這種工作方式啊」的模糊印象即可。

當然，有些人可能會抱持著這個疑問：這個社群和億萬富翁到底有什麼關係？我可以先告訴你，在閱讀本書的過程中，這樣的疑問也會漸漸獲得解答，所以大可放心。

當年那些幸福億萬富翁告訴我的話

我在神戶出生與成長，我的父親是建築相關自營業者，他的業主中有一部分住在神戶的山坡地。

從小時候開始，父親就經常帶我進出這些山坡地豪宅，這些億萬富翁的家和普通老百姓的家截然不同，有些人家裡有游泳池與網球場，我也太過設有防空洞的住家。

我至今仍清楚記得，我小學時拜訪過某些億萬富翁的家，他們的客廳竟然出現帆船裝飾，「客廳裡有帆船」這樣不尋常的豪宅完全讓人摸不著頭緒。

假如你問在這種豪宅中悠閒度日的億萬富翁「要怎麼努力才能過這樣的生活」？他們一定會回答你「做生意」、「擔任社長」之類的答案。不得不說，雖然我的親人裡也有很多人是公司的社長，但他們的生活和這些住在山坡地豪宅的人們仍有著天壤之別。

我把這些億萬富翁當年對我說明的內容整理如下：

・工作分為「提水桶」和「接水管」兩種・

所謂的「提水桶」和「接水管」，是日裔美國人企業家羅伯特・T・清崎（RobertT.Kiyosaki）的著作《富爸爸，有錢有理》（RichDad's Cashflow Quadrant）中所提到的一則小故事（我將該書奉為聖經），只要閱讀這本書就能了解相關細節，但我還是在這裡簡單介紹一下：

從前，有個村莊久旱不雨、水源不足，他們委託艾德（Edo）和比爾

（Bill）兩人來解決這個問題。

艾德先買了兩個水桶，接著開始拚命從一英里外的湖泊中打水、運回村莊，然後再把水倒進村民修建的蓄水池內。艾德每天都比其他村民早起，他賣力打水，並將蓄水池裝滿水，儘管這樣的工作很辛苦，但是村民願意跟他買水，還是令他感到很高興。

然而，比爾卻沒有做這種事，自從接到委託之後，他就不見蹤影。在那幾個月裡，村民都以為他消失了，但其實不然——他找到幾名願意出資的投

艾德

比爾

資人，一起成立了一間自來水公司，然後聘請施工人員，修建了一條從湖泊通往村莊的水管。

水管建好後，只要讓水在管線內流動即可。比爾的公司可以不間斷地提供用水，其費用也很便宜，所以村民們全都跟他們買水。結果，比爾變成了有錢人，而艾德卻只能一輩子辛苦地工作。

遺憾的是，我身邊的上班族大部分都像艾德一樣只想著工作，而那些住在山坡地豪宅的億萬富翁則像比爾一樣用企業家的方式賺錢。我從這些億萬富翁身上學到了一件事——無論怎麼努力，**思考模式的根本差異就是會拉開人生的差距**。

• 成為幸福的億萬富翁需要這三項資本 •

我在前言中已經介紹過這三項資本：

①**人力資本**：在必要時工作、達成自我實現時所需要的能力與技能。

②**金融資本**：具備能隨心所欲地生活的金錢，或者可以創造出這種生活的資產。

③**社會資本**：擁有相互協助且能給予刺激的人際關係社群。

即便那時候的我對這些億萬富翁說的話只有粗淺的理解，但我對這個世界的看法還是因此發生了改變。

我所就讀的小學與國中的周邊多半是普通住家，這些住戶都是透過工作換取報酬（也就是薪水），當時我看著身旁的這些大人，心中有了這種想法：「如果我繼續像這樣去學校上課，然後登上大家都覺得理所當然的人生階梯，那就無法變得像這些億萬富翁一樣了吧？」

不久之後，我決定不讀高中，而是朝著成為億萬富翁的道路邁進。

一切是從我十六歲時的家庭餐廳聚會開始的

當然，這世界上沒有發生「某個少年在十六歲時下定決心，然後就輕鬆地變成億萬富翁」這麼好的事。

雖然我已經先想到要為了建立社群而召集夥伴，但當時我所召集的成員只不過是我一直以來的玩伴。

「接下來，我們要開始新事業囉！」

「有興趣的人請在家庭餐廳集合！」

我們就這樣先用家庭餐廳來代替辦公室，以此建立大家聚會時的「場地」。那時的我想著，倘若我們能在那裡提出各種構想，應該就可以開始做些什麼了吧！

現在我要講述的是我小時候的故事。兒時的我認識了三位比我年長的大哥哥，他們都進入壽險公司工作，這裡姑且先將這三位大哥稱作A先生、B

先生和C先生。

一直以來，A先生和B先生都非常重視人際交往。那時，他們的朋友、長輩、晚輩與親屬紛紛對他們說「這是給你的紅包」，並跟他們購買保險。當然，這是因為A先生和B先生都很重視人際關係的緣故。

另一方面，就算當時的我還是個孩子，我也覺得C先生的人際關係不佳，因為他總是在計算得失，所以C先生的朋友、長輩、晚輩與親屬幾乎都不跟他買保險。

過了一段時間之後，A先生藉由這些禮金做出了好成績。同時，他也繼續腳踏實地的進行銷售工作，並在這家保險公司取得相當豐碩的成果。

同樣地，B先生也在一段時間後做出了好成績。然而，他卻因此疏於待客、沒有持續拿出成果，最後從保險公司離職。至於C先生，他始終沒有做出任何成績，然後就離職了。

這是個很簡單的故事，但從中可以看出重視與不重視人際關係的人之間的差異——一旦得到周遭人們及剛認識的人的支持，並以此建立強大且穩固的社群，成功的機率將會變得更高。

因此，還是孩子的我心裡就這麼想著：「**要是能擁有支持自己的社群，那該有多好啊！**」

我向參與聚會的夥伴們訴說了社群的價值，並反覆傳達這樣的想法，正式開始建立屬於我自己的社群。

疫情期間依舊生意興隆的茶室的成功祕訣

我也經常跟我的夥伴講述以下這個故事。

我每年都會到某座我很喜歡的島嶼工作，它算是一座和我很投緣的島嶼，在島上因為建造旅館而變得嘈雜前我就時常造訪。島上開始建築旅館之前，海灘前的小山丘上有一間茶室，那間茶室的經營者是一位名叫M先生的神祕大叔。

M先生的茶室中聚集了許多有趣的人，他們吃著從眼前的海所捕獲的東西，暢快地喝著啤酒、泡盛[2]，並不著邊際地漫談那「積極的未來」，感覺十分愉快。

我和這些人的關係變得很好。在那之後，每當我去沖繩時，我都一定會到這座島上喝個痛快，而且每次都會喝到不省人事。

2 譯註：泡盛是特產於琉球群島的一種蒸餾酒，這種酒是燒酒的前身，同時也是日本歷史最悠久的蒸餾酒。

Ｍ先生的茶室創造出某種奇特的文化。舉例來說，由於老闆Ｍ先生會到海裡捕捉章魚等海鮮，因此經常不在店內；即便他在店裡，也時常處於沉睡狀態，因為他都會先喝醉，然後倒頭就睡。

這時，客人們就會走進廚房，自己做菜來吃，而且他們還會從冰箱等地方拿酒出來喝。雖然他們會帶食材到店裡自己烹調，卻會付完錢後再回家。這些顧客會自行計算伙食費，然後打開收銀機，把錢放進去，甚至還會自己找零。

雖然店裡的東西隨便大家拿，卻沒有任何人做出偷竊的行為。這些客人們主動扮演起店員的角色，他們不僅做菜、打掃，還會為了提升這家店的業績而召開各種策略會議。儘管如此，他們不但沒有獲取酬勞，反而還在回家前支付了伙食費⋯⋯

就這樣，Ｍ先生的茶室從來不是「店家（Ｍ先生）和顧客」，而是「我們的茶室」、「我們的社群」。

這種組織極其強大、無懈可擊，就算茶室歇業，我想多數人應該都不太會因此而感到苦惱才對，但假如少了「我們的茶室」，社群成員將會感到非常困擾。

後來，M先生的茶室搬到了其他地方。於是，社群成員們也跟著一起移動。在傳染病流行的那段時間，M先生的店狀況如何呢？

「我們的茶室絕對不能倒！」

「我要讓我們的社群變得更大！」

「我們現在必須把我們的社群告訴大家！」

那個時候，由於社群成員紛紛湧進店內，這使得店裡的生意反而變得更好了。

儘管承受過「越快越好」、「越便宜越好」、「客人就是神」這般龐大的壓力，在傳染病流行等緊急狀態下，那些生意慘澹的經營者恐怕還是無法相信這個故事，即便事實大概就是如此（為了避免造成當事人的困擾，我虛構了部分情節）。

事業要成功，你需要的只是「夥伴」

雖然我們最初是所謂的「烏合之眾」，只是聚在一起吃吃喝喝而已，和從事社團活動沒什麼兩樣，但只要把眾人聚集起來，就能蒐集資訊，並激盪出各種有趣的構想——這樣的烏合之眾可以企劃一些活動、做點小生意（我們似乎什麼都能做），並逐漸擴展我們的社群。

當然，要做到這種程度必須花費很長一段時間，而且聚在一起的人總是來來去去、不斷更替。我會在本書中慢慢講述這段過程，而這正是我們不受公司束縛的開端。

我們在做的事就是這麼簡單：請記得，我們是一群「在家庭餐廳聚會的夥伴」。

假設我們有十人左右，每次聚會的伙食費（包含餐點與飲料）大約是一人兩千日圓，總計兩萬日圓。在這種情況下，如果每個月聚會五次，就得花上十萬日圓。

另外，在社群不停擴大之後（假設人數成長至三倍，也就是三十人），即便並非每次都全員到齊，家庭餐廳這樣的空間還是顯得有些侷促。

不過，仔細想一想，所有人每個月的伙食費加總起來就高達三十萬日圓了。倘若每個月要花三十萬日圓，這時夥伴們就會開始討論是否要在某個地方建立共同辦公室了吧？更何況我們每個月只聚會五次，除了那些日子之外，這個地方並沒有人使用，如果把它當作租借空間出租，或許還能因此獲利。

「等一下，若是如此，這裡就無法提供食物或飲料了吧。我們只能叫外送了嗎？」

「哎呀，假如要花這麼多錢，乾脆我來開餐廳、接單跑外送好了。如果大家都成為這間店的顧客，那麼收入應該暫時不會有問題，若是有其他客人來的話，收益也會因此增加。」

你覺得如何呢？像這樣在不冒險的情況下開設餐廳、咖啡店或居酒屋，那就是可行的，因為一開始就先確保我們這些夥伴是這間店的顧客，所以通常不會失敗，而且假如有其他客人到店裡來，他們也會變成龐大的利潤——由於一開始就這樣計畫了，所以幾乎不會失敗。

同樣的道理，若是「由夥伴們來幫大家剪髮、燙髮」，就能開美髮店；如果是「大家來洗衣服」，則可以經營自助洗衣店。

和社群有關的人越多，越有可能開創各種事業。事實上，在我們這些夥伴當中，有很多人都成了餐廳老闆，而且擁有一間店以上的人也因此增加了——或許，**你需要的只是「人際連結」**。

這就是閱讀本書時不可或缺的思維，你要明白，能成為幸福億萬富翁的人都很重視這種思維。從下一章開始，我們將進一步探討這樣的思考模式。

第一章

幸福的億萬富翁到了下班時間會做什麼事？

——擺脫「公司依賴」的思想改革

光靠飲酒會，是無法一次次把眾人聚集起來的

只要將眾人聚集起來，就會產生許多商業管道。我已經在序章中解釋過這一點了，不過，其中的問題在於究竟要怎麼建立「最初的聚會」。

我猜想，這裡應該有很多讀者都會參加公司外部的學習小組。話雖如此，應該很少有人會主動發起聚會，然後「立刻就聚集了數十人」吧？你也許會聽到有人跟你說「我不是這種積極的人，況且要尋找聚會場地也很麻煩」之類的話，那也無所謂，請先這樣讀下去。

十幾歲時就開始建立社群的我算是領導型的人，我的朋友們會因為「嶋村都這麼說了」的念頭而聚集在一起，因此當時的我很輕易地就召集了最初的成員。

但在那之後，即便我說「讓我們來創業吧」，多數人還是覺得莫名其妙。他們不僅不感興趣，也缺乏熱忱，就連當初因為「可以開心地吃吃喝喝」而

聚集起來的人也很快就感到厭倦，紛紛選擇離開。

儘管起初在擴展社群時很辛苦，然而，在不停累積經驗的同時，我也領悟到正確的做法，這樣的樂趣讓我沉醉其中。時至今日，那些在「完全沒有人脈」的情況下加入我們社群的人已經在幾年後開店，而且連日高朋滿座，這都是因為我們成功創造出足以實現這件事的環境與氛圍。

我會在第二章詳細解釋「環境」與「氛圍」的營造方法，但在這之前，讓我先說明一下其中最基本的部分。

幸福億萬富翁的祕訣

1

創造下班後能輕鬆聚會的環境與氛圍。

什麼是比「優秀的能力」更重要的事？

想擴大社群，究竟該怎麼做才好呢？首先，最基本的就是「**理所當然地把習以為常的小事做好**」。

「咦，做好這件事就行了嗎？」或許你會覺得很掃興，但我可以斷言，你只能這麼做，因為「理所當然地把習以為常的小事做好」是成為幸福億萬富翁的必備要素。

比方說，在我們社群成員會徹底執行的事情當中，最重要的就是「**盡快回應**」，因為社群裡聚集了形形色色的人，大家都各有所長，也各有所短，尤其是那些年輕職員，就算你問他們「有想到什麼點子嗎？」「有察覺什麼事嗎？」他們多半只會回答「我的答案很普通」。

然而，先說「我注意到的事只有這樣」、「不好意思，我想不出任何點子，請先跳過我」之類的話，討論也不會就此停止。即便某個人有非常珍貴的意見，若是他比較慢做出反應，其他人的回應也會跟著延遲。因此，「越快回應的人」在社群裡越是受到信賴。

另外，關於「理所當然地把習以為常的小事做好」這一點，平時的問候與禮節也非常重要。

就像我一樣，在我們的社群裡，也有完全不屬於一般企業及不曾在公司裡受過任何禮儀訓練的人。由於彼此可能會在溝通時產生誤解，或者因認知差距而導致雙方關係變得十分緊張，因此，大家都接受了禮儀研習。

和完全不打招呼的人相比，任何人都比較喜歡跟會開朗地打招呼的人相處，這是一件很正常的事——只要把這種基本小事做好，就能開始朝成為幸福億萬富翁的路途邁進。

幸福億萬富翁的祕訣

2

就算沒有什麼特別的看法，

也一定要馬上回應。

將微小的差距變成巨大的差異

從十六歲開始接觸這些被稱作「億萬富翁」的人，使我明白了一些事，若要舉出他們最顯著的特徵，那就是「**重視細微的差距**」。

具體而言，這種差距會在什麼樣的行為上表現出來呢？

- 和他人約定時間，不會剛好準時到，而是至少提早三十分鐘抵達。
- 想要別人做的事，自己先以身作則。
- 不管有多忙碌，都會適度運動。
- 重新檢視不必要的付費訂閱等固定支出，並竭盡所能地刪減。
- 哪怕只能抽出很短的時間，也要閱讀書籍。
- 每天都會與父母聯繫，並向他們表達感謝。
- 開朗地主動打招呼。

- 想到什麼事就馬上去做，或者立即將它拆解成多項小任務。
- 無論前一天幾點睡，每天都在同樣的時間起床。
- 盡量和他人進行面對面交流。
- 好好地感謝他人。
- 將真正需要的東西擺在固定位置，並養成物歸原位的習慣。

此外，他們也會這麼做：

- 一定要做能令自己「熱情滿滿」的工作。
- 使用廁所之後，一定會稍微打掃一下。
- 與如果接受了他人的餽贈或恩惠，日後遇到對方時，會具體地表達感謝與喜悅之情。
- 若是購買或獲得一件物品，就會把相同用途的另一件東西扔掉。
- 為了方便下一個人使用，離開某個場所前會好好地收拾，將它恢復原狀。

以上列舉的項目都是「這樣做會比較好」的事情，但實際上會這麼做的人卻很少。

請思考一下「寫書」這件事。對完全沒有經驗的人來說，這是極其困難的苦差事。然而，假如說「每天寫一頁文章」，感覺就不會那麼困難了吧！

在一、兩個星期的時間裡，這一頁文章將會變成七頁、十四頁，這種長度的內容頂多算是筆記而已，但一年有三百六十五天，倘若每天都持續寫一頁的話，就會變得相當有份量。在這樣的狀況下，應該會漸漸覺得「或許我也能寫書」吧？

話雖如此，即便寫了三百六十五頁的文章，也無法保證其內涵：如果每天都寫負面的內容，就會變成一本負面的書；假如每天都寫正面的內容，最後則會變成一本正面的書。

在這裡，我想說的是——隨著時間過去，**每一天的微小差距會造就巨大的差異，進而拉開人生的差距。**

從「一萬兩千名有錢人」身上得到的致富訣竅

如同我剛才提過的，盡快回應、遵守商業禮儀、重視細微的差距都是「理所當然地把習以為常的小事做好」，但應該還是有很多人會覺得「能成為億萬富翁的人，通常具備比一般人更優秀且特殊的能力」，像是對金錢的敏感度、獨特的創意發想能力、足以迷倒眾人的魅力等。

對於還不能理解這一點的人，我想向你介紹本田健先生的著作《普通人成為億萬富翁的方法》（暫譯）。本田健先生是著名的勵志書作家，這本書是他針對一萬兩千名高額納稅者進行問卷調查後寫成的。

根據該書的說法，多數億萬富翁的人生都具有以下十種特徵：

①把自己喜歡、擅長且能讓他人開心的事變成工作。

②為人誠實正直、身體健康。

③擁有好運氣。
④具備克服危機的能力。
⑤受人支持。
⑥擁有良師益友。
⑦與合夥人關係良好。
⑧對孩子的教育抱持獨特的想法。
⑨眼光長遠。
⑩行事果決。

在①「把喜歡的事變成工作」的後頭，最先被列舉的是「為人誠實正直」，由此可見，這點比「決斷力」、「先見之明」還要重要得多了。之所以如此，我猜想那是因為它和社群經營的基礎有關。

一如我在序章中提過的，做生意想成功，不需要幾萬人或幾千人，你只須從聚集數十位夥伴開始，而在這些夥伴裡，你會選擇怎樣的人呢？思考一下「住家附近的社群」，你就會得到答案。

不管社會地位有多高，倘若態度冷漠、尖酸刻薄，別說是與鄰居互動了，人們本來就不太會跟這種人說話。即便看似聰明、能力很強，如果不值得信任，人們也無法和這樣的人交心。

假如你有這種鄰居，家中有一億日圓現金的你也許會整日提心吊膽，認為「絕對不能讓他知道這件事」，並透過與保全公司簽約等方式來提升住家的安全等級。然而，如果你的鄰居都是值得信賴的人，那就沒有必要這麼做了。儘管不是古代鄉村，你還是有可能在不鎖門的情況下安心外出。

你應該已經了解到，**人與人之間若是缺乏信賴關係，就得付出很大的代價**。反之，代價比較小。

舉例來說，當你和互相信任的夥伴一起工作時，你不必花費金錢與時間仔細調查對方和對方的公司，同時你家可能也不需要上鎖。

由此可見，和「能力很強」相比，「受到信任」的人更容易被視作夥伴。於是，受人信賴的人更容易擁有「獲得金錢」的好運。這些億萬富翁認為，

「為人誠實正直」與「擁有好運氣」密切相關。不得不說，這樣的看法十分有趣。

幸福億萬富翁的祕訣

3

不說謊、不做虧心事。

成為受到支持的人，能讓事業進展得更順利

當然，假如只是受到信任，就算加入其他人的社群，也無法建立屬於自己的社群。

我在童年時遇見的這些億萬富翁，大部分都在公司裡擔任社長。也就是說，**想變得更成功，那就必須成為領導者，並帶領某個社群**，而這正是高額納稅者特徵清單中的「⑤受人支持」，意即「建立支持自己的社群」。

事實上，我一定會跟參與我社群的人說「不要只是加入別人的社群，你也要建立屬於自己的社群」，因為從小我就看過許多生意人，所以我很清楚**「創業之前是否已經擁有屬於自己的社群」幾乎是決定成敗的關鍵**，那些生意失敗的人多半都懷抱著「先開店，再建立以店內顧客為主的社群就好」的想法。

因此，倘若他們要開的是拉麵店，他們就會在開業前到各式各樣的拉麵店學習、鑽研各種口味，專心研究「如何創造出令客人開心的店」。他們確實很努力，但在店鋪實際開幕之後，支付房租、人事費用等固定支出是件很辛苦的事，所以很難再花時間擴展這間店的相關社群。再者，他們心裡也會想著「只要持續端出美味的料理，一定能將社群建立起來」。

或許情況真是如此，但這世界上有一大堆美味的店，如果要把所有的店都吃一遍，等顧客下次再到這些人的店裡時，那通常已經是一、兩個月後的事了。尤其是美食激戰區，當客人再度造訪時，這些人的店甚至已經關門大吉了。

比起「好吃的拉麵」，「〇〇先生煮的拉麵」更勝一籌

然而，假如一開始就擁有屬於自己的社群，情況就會變得截然不同。

當店鋪正式開張時，社群成員就會有種「我們一直在等這一天到來」的感覺。

由於「終於可以吃到〇〇先生煮的拉麵」，所以社群成員們幾乎每天都會到店裡來，而且還有很多朋友會和他們一起光顧。

這樣就足以應付固定支出，接著只要努力拓展新客源即可。在這種狀況下，基本上就不會失敗了。

看到這裡，你也許會說「話雖如此，但我又還沒開店，要怎麼建立社群呢」？但我必須說，在我自己的社群中，所有想自行創業的人都會先這麼做。

幸福億萬富翁的祕訣

4

把自己想做的事告訴認識的人

首先，他們會**盡量把自己想做的事告訴夥伴們**，例如「我將來想開義大利餐廳」、「我有美髮師執照，開一間屬於自己的店是我的夢想」，由於他們幾乎每次都會找機會告訴大家（即便在網路等場合也是如此），所以大家都會回答「到時我會支持你」，並且充滿期待。

當然，他們不僅會說出自身的想法，也會展開行動。比方說，參加某場派對時展現廚藝，或是拿出髮型作品的照片給大家看。

看見他們的成果之後，其他夥伴會覺得「這個人正朝著夢想努力」，進而產生想支持他們的心情。不得不說，他們就是這樣將社群建立起來的。

透過徹底的「小狗作戰」來影響他人

當然，這不只是藉由自我推銷來擴大社群而已——為了贏得他人的好感與推薦，你必須認真努力才行。

關於這一點，在戴爾・卡內基（Dale Carnegie）的勵志經典《如何贏取朋友與影響他人》（*How to Win Friends and Influence People*）中有提到其主要關鍵：「要學習交朋友，不一定非得讀這本書不可，因為你可以向這世界上最擅長交朋友的動物學習……你明天可能就會在街上碰到牠。」

簡而言之，這種動物就是小狗。

卡內基在書中表示：「只有狗這種動物不用為了生活而工作。……只有狗會給你忠誠的愛。」

這只是卡內基個人的看法而已。事實上，小狗不但沒有錢、沒有掌握任何資訊，也不具性吸引力。牠只是友善地搖著尾巴，看到主人時欣喜若狂地朝主人奔去、又叫又跳，因此受到主人的喜愛。這隻小狗看似沒能提供任何好處，但牠其實令主人產生了「**被重視的感覺**」，而這正是讓你獲得有力人士青睞的重要因素（既便你不能給予對方任何東西）。

這不僅適用於公司外部社群等場合，對多數讀者所隸屬的公司組織也很適用。事實上，如果是剛進入公司一、兩年的職員，其實彼此實力的差距並不大，而在這種情況下，主管應該會讚賞：

①緊跟在身邊、不停地提出問題與主動請教的員工；
②在請教他人之後說「謝謝！〇〇先生真厲害」的員工吧？

有些人可能會對此感到憤慨、認為「真會拍馬屁」，但**這種「提升主管自我肯定感」的行為真的非常簡單，不僅不需要花錢，也沒有資源上限的問題。**

在這個世界上，有許多人只是因為沒做到這件簡單的事，就導致人生不順遂。所以，我希望你能明白，這件事任何人都做得到，卻幾乎沒有人付諸實行，我把它稱作「小狗作戰」。

從頂尖業務員變成暢銷作家的實際案例

在現實生活中，社群是如何造就成功者的呢？現在就讓我以Ｃ君為例進行說明吧。Ｃ君和我感情很好，我們大約每個月都會一起去旅行一次。

Ｃ君是出過好幾本書的暢銷作家，同時也是顧問、演說家與餐廳老闆。剛滿四十歲的他十分多才多藝，雖然他超級帥氣，但還是有發脾氣的時候。

我剛認識Ｃ君時，他正在某家評價非常好的大型電腦公司上班。不僅如此，他還是年輕職員裡的業績冠軍。像這樣繼續當個上班族，生活應該不會有什麼困難吧！

然而，由於從事銷售工作，再加上經常會和開公司的社長碰面，這使得Ｃ君對於自由工作一事心生嚮往，但他不知道自己能做些什麼。

於是，Ｃ君開始想去參加公司外部的學習小組，而在加入各式各樣的社群之後，經由朋友的介紹，他也參與了我們所舉辦的研討會。

Ｃ君原本就是業績冠軍，所以他會確實遵守約定，我非常高興能認識他。同時，我也打從心底信任他，在彼此成為情投意合的好友後，我就時常帶Ｃ君到夥伴們開的店裡光顧。

後來，Ｃ君正式加入了我們的社群，在和開設居酒屋、拉麵店等餐廳的社群成員交流的過程中，他開始萌生「我應該也可以自行創業」的想法。於是，在我們這些擔任餐飲顧問的夥伴的指導下，Ｃ君學習了各種創業必須具備的知識與技能。

不僅如此，他甚至會在網路與學習討論會上，大方分享自己學到的和建立社群有關的事。在他目前出版的很多書裡，都反映出這樣的成果。

在認識Ｃ君三年後，他終於自立門戶，不僅成為餐廳老闆，也從公司離職。這時的Ｃ君約二十八歲左右。在不動產領域，我曾提供Ｃ君不少協助，後來他能獲得成功，我覺得是非常棒的一件事。

社群中只要有人開創自己的事業，對任何成員都是有利的

我希望你能明白一件事——所謂的「社群」，純粹就是**裡頭出現越多成功者時，就對自己越有好處**的一種東西。

關於這一點，只要思考一下「朋友開店了」的狀況，應該就可以理解了。即便你從事的不是經常接待客人的工作，光是「朋友開了一間店」，就能讓你用有點特殊的身分輕鬆地招呼顧客。

開店不僅可以拓展人脈、提升財力，還能累積各種經營訣竅——這些都可以在社群裡與大家共享。

在社群裡，我為人人，人人為我。如此一來，社群成員就能充分理解「理所當然地把習以為常的小事做好」的重要性。

假如你可以理所當然地把習以為常的小事做好，光憑這一點，所有的夥

伴就會願意支持你——你會發現「成功」或「變成億萬富翁」之類的事，只不過是這些基本小事與誠實心態的延伸。

億萬富翁之所以能成為億萬富翁，那是因為他們討人喜歡，而不是因為擁有這種身分才受到喜愛。

幸福億萬富翁的祕訣

5

每天都要做一項討人喜歡的「小動作」。

為什麼我認為你「設定期限，然後從公司離職」或許會比較好？

我相信，討人喜歡的人，經過不斷提升，最後都可以變成幸福的億萬富翁。

然而，這樣的原理原則在許多公司組織裡卻是行不通的。基於學歷、派系、學派、種族、國籍、性別、年齡等神奇原因，人們會選擇在公司內部設法出人頭地。

因此，我覺得你必須在這樣的公司組織中，學習最低限度的禮儀與社會規範，而且「設定期限，然後從公司離職」或許會比較好。

對於「明明沒有做出成績，卻想教部屬怎麼工作」的主管，必須特別留意

在我大阪的住家附近，有一家因能夠讓你學會做生意而聞名的公司，只要和這家公司簽約之後，新人們就會收到「請在明天幾點到〇〇車站」的指示，而在抵達指定的車站後，該公司會交給他們一個大箱子，當新人們將箱子打開時，便會發現裡頭裝滿了大福。

「現在，請把它們全部賣完。」

「要怎麼賣呢？」

「請自己想辦法。」

這家公司什麼方法都沒有教，當事人只能在現場想破頭、拚命努力工作，唯有如此，他們才能領會箇中訣竅。正是因為該公司明白這一點，所以他們完全無視「主管應該指導部屬」這項普遍的公司規則。

你有聽過中國的小偷故事嗎？

從前，中國有一位很著名的小偷，他的兒子長大後想繼承父親的衣缽，於是他就要兒子跟著自己走，然後他們就一同潛入了某位富翁的宅邸。

原以為這位父親會將偷竊技巧傾囊相授，沒想到他卻把兒子關在富翁家的箱子裡，他不僅將箱子鎖上、自己逃走，還故意大喊「有小偷」，在富翁家中引起一陣騷動，眾人紛紛朝著箱子聚集過來，而小偷的兒子則是死命地撬開箱子，最後狼狽不堪地回到家。

兒子逼問父親：「爸，您這樣不過分嗎？」

結果，父親只回答了這句話：「因為逃跑就是小偷的工作。」

順帶一提，曾經有位男性和我前面提到的那家公司簽訂了幾個月合約，他說：「我在前公司學了十年的事，在這家公司一個月就學會了。」

要知道，你的主管是上班族，不是億萬富翁。想成為職業足球員，就得向職業足球員學習。想變成職業棒球員，就得向職業棒球員學習。如果你想成為幸福的億萬富翁，那麼「向幸福的億萬富翁學習」應該是一件很正常的事吧？所以，抱持這種想法的我會不停地對你說：「從公司離職或許會比較好。」

幸福億萬富翁的祕訣

6

重視「向他人學習」。

希望你在還是上班族時「一定要先做的事」

雖然我說「從公司離職或許會比較好」，不過多數讀者目前應該都還是上班族吧，就算說「請在明天遞辭呈」，也不可能輕易做到，即便有照做卻失敗的人質問我要怎麼負責，我也無法保證些什麼。

因此，不需要著急，我只是希望身為上班族的你能**先有這樣的心理準備**。

在當今社會中，像過去那樣把公司當成「疑似家族[3]」或「長久持續的群體」般依賴，其實是相當危險的一件事。就算你向做為上班族的主管學習、在公司裡做出成績，你還是無法培養生意頭腦。

認為船到橋頭自然直、不在公司外部建立社群的人，到了四、五十歲之後，很有可能會因為現在的公司破產了，必須自謀生路。畢竟，我們已經進入不少人都有望活到一百歲的「人生百年時代」，但相對而言，一般公司的平均壽命據說只有幾十年。

哪怕情況並非如此，你還是會到達退休年齡。假設退休年齡是六十五歲，在退休前的三十五年內，你都得有某種形式的收入。

你可以持續工作嗎？

你的健康與體力狀況如何？

我覺得「只靠公司謀生」很可怕，我無法這麼做。

不過，這並不是在說你在公司上班只是白白浪費時間。因為，你現在能在公司裡工作，在某種程度上，其實是一件十分幸運的事。

如果你是上班族，跟銀行借錢會比較容易。所以有部分上班族曾經思考過我剛才提到的那個問題，他們會趁還在公司上班時，以貸款上限來購買不動產。假如他們任職的公司信譽良好，購買的物件也具有一定的擔保價值，那麼他們的貸款金額甚至可以達到兩億日圓，因為這兩億日圓是用來購買容易核認擔保價值的物件。

這裡的重點在於，請趁還是上班族時最大限度地使用別人的錢。換句話說，就是**利用財務槓桿**（financial leverage）。幸福的億萬富翁會在金錢、人脈、思維等方面運用槓桿，所以即使你是上班族，還是能使用財務槓桿來幫助自己。

3 譯註：在日語中，「疑似家族」是指一群沒有血緣關係的人，基於某種原因，建立起如家人般的親密關係。有些日本公司會導入「疑似家族制度」，由主管扮演「父親」、前輩扮演「兄長」的角色，藉此照顧與指導後輩。

利用「下午五點以後」的時間，是為了下一個階段做準備

不過，一旦貸款金額高達上億日圓，實際這麼做的人就會變得很有限，但光是「上班族」這個身分，就足以讓你具備一定的信用了。

舉例來說，只要是搬過家的人就會知道，在租房子時，上班族很容易通過相關審查[4]。身為上班族的你，也許會覺得通過審查是很正常的事，但生意人就算拚命賺錢，可能還是無法通過審查。

另外，除了黑心企業之外，在下午五點以前的有限時間內工作，應該都可以獲得不受工作成果影響的穩定薪水。只要不是任意揮霍、積欠債務，這些錢就能當作參與其他活動的資金。

也就是說，在公司上班時，你可以利用在那裡賺到的錢，以及運用下午五點以後的時間，好好地為下一個階段做準備。而光是這樣就已經足夠了。

你還是會感到不安嗎？
從下一章開始，我們將進一步探討具體做法，所以請放心。

幸福億萬富翁的祕訣

7

趁還是上班族時，
最大限度地使用「別人的錢」。

4 譯註：在日本租屋時，會對租客進行審查，主要是針對租客的財力、有無欠款記錄、個人背景，以及保證人（保證公司）等進行評估。

習慣使用「公司的錢」會產生的風險

我剛才提過，在公司上班時，我們要利用在那裡賺到的錢，為下一個階段做準備。不過，其中最大的問題在於**千萬不要被公司的作風影響了**。就算不把「我要成為億萬富翁」掛在嘴邊，你也必須以「我總有一天要自立門戶、靠自己的力量創業」為前提，努力處理眼前的課題。

事實上，有很多曾經在家喻戶曉的大公司工作的人加入我們的社群，雖然他們在辦公室的工作做得很好，但他們的觀念一開始卻和經營自己事業的人有著些許的差距。

比方說，由於大企業資金充裕，導致其員工容易亂花錢、對投資準確率很低的案件投注大筆資金。這是因為他們使用的不是「自己的錢」，而是「公司的錢」，以及習慣了不必為此負責，所以在成為經營者時，這樣的觀念會讓他們吃足苦頭。

儘管如此，這種觀念造成的問題是可以花時間修正的。相較之下，我覺得**「畫地自限」才是上班族最吃虧的地方**。

請回想一下前面提過的C君。我已經介紹過，他是作家、顧問、演說家與餐廳老闆。然而，當他還是上班族時，他應該不曾想過「變成餐廳老闆」這種事，甚至也有可能未曾編織過人生的夢想。

在這個世界上，那些「將來想開餐廳」的人多半無法實現這件事，但C君才剛參與我們社群的活動，就立刻做到了這一點，那是因為在公司群體和我們的社群裡，所謂的「正常」與「普通」是不一樣的。

這裡要探討的不是這兩者孰優孰劣的問題，我只是想告訴你——**環境不同，結果也會有所不同**。

在美國這種環境出生與成長的人可以完美地掌握英語，我想這應該是一件很正常、很普通的事。相對地，在日本這種環境出生與成長的人能完美地掌握英語，我想這應該不是一件很正常、很普通的事。

只要改變自己身處的環境、群體與氛圍，不僅這些看似正常與普通的事會跟著轉變，人們也會因此突破所謂的「自我限制」。我希望你能明白這件事，因為這是成為幸福億萬富翁很重要的一點。

能成功與不能成功的思考習慣

據說，最近很多人都沒什麼「想變有錢」的欲望。因為即便沒有錢，也確實有可能變得幸福。

在當今這個世代，只要有一支智慧型手機，就可以享受免費的娛樂活動。不僅如此，我們也能在便利商店享用到美味的餐點。就算沒有豪宅、高級車這些東西，也不會造成什麼不便。

不過，請稍微擴展你的視野，因為能和「想一起出遊的夥伴」在「想要的時間」去「這世界上想去的地方」可說是一件非常快樂的事，而且頂級餐廳、豪宅與高級車很有可能提供你安全舒適的體驗。

我並不是在說高級的東西一定比較好，而是我認為**億萬富翁和普通人之間的差異在於「擁有多少選擇」**：前者的選擇很多，後者的選擇很少。既然如此，這樣的差異是從哪裡產生的呢？答案是「**思考習慣**」。

你是用右手還是左手拿筆寫字呢？在經年累月的日常生活中，你的身體應該養成了一些習慣。同樣的道理，你的思考也有某種習慣，那就是能成功與不能成功的思考習慣。和右撇子與左撇子一樣，這些思考習慣沒有好壞之分，只是它們能否對你尋求的東西有所幫助而已。

長久以來，我逐漸改變這種思考習慣，等我注意到時，我已經開始從事電影製作工作了。

倘若你向一般人提及電影製作的事，他們通常會說「這種事我辦不到啦」；如果你向億萬富翁提起電影製作的事，他們則會說「**我來想想看要怎麼實現這件事**」。

只要改變自己身處的環境與群體，不僅思考習慣會跟著轉變，人們也會因此突破自我限制。同樣地，不管是人生，還是創業，其實應該還有更多意想不到的可能性，假如這本書能成為你超越自我的契機，我將會非常開心。

幸福億萬富翁的祕訣

8

不要把從公司看到的景色，
視作理所當然。

第二章

公司以外的「夥伴」能為你帶來工作與金錢

——從零人脈、零技能中建立「社群」的方法

選定下班後的聚會「基地」

我在前一章提過，在現今這個時代，我們恐怕無法再依賴公司了。當然，你不一定非得辭掉工作不可，但如果你想在當今這個時代取得成功，不妨以自立門戶、自行創業為目標，或許這是一種強而有力的選擇。

多數讀者目前應該都還是上班族吧。因此，倘若你想掌握成功的王道，你可能得先以「**成為隨時都能自立門戶的人**」為目標。

所謂的「自立門戶」，和換工作是不一樣的。如果想要自立門戶，那就必須趁還在公司上班時盡可能地建立創業基礎，而在這本書中，我想傳授的是在公司裡也能建立最強社群的訣竅。

話說回來，我在十六歲時開始建立社群，起初是以家庭餐廳當作聚會場地。當時，智慧型手機尚未問世，就連一般型手機也還不普及。那時的我才十幾歲，和現在的你狀況應該完全不同。

然而，在這當中，有一項很重要的共同要素，那就是**建立「聚會場地」**。關於這一點，雖然我已經在第一章裡提過，但還是讓我再詳細說明一下：

小時候，我和住在附近的朋友們會把公園、朋友家或某個地方的空地當作我們的「祕密基地」，因為有了聚會場所，所以大家得以建立起夥伴關係——在這個世界上，並不存在「沒有聚會場地，卻能建立夥伴關係」這樣的事。

當然，學校與公司的辦公室等地方也是將眾人聚集起來的場所，但這兩者都有各自的經營目的，有時很難自由地進行交流，尤其是在公司這種功能型組織裡，很難培育出其他社群。

所以，若想建立社群，必須先以「創造出大家能自由聚會、交談的場所」做為出發點，選定的地點可以是家庭餐廳、居酒屋、自己的房間或租借空間。當然，在現今社會中，也可以善用網路這種很方便的工具。

幸福億萬富翁的祕訣

9

先確立「聚會場所」。

「社群媒體的追蹤者越多越好」是真的嗎？

透過網路來建立夥伴關係，指的就是利用 Facebook、TikTok、X（舊稱 Twitter）等社群媒體來增加朋友。

或許有許多人已經運用其中的幾個平台來加入某些社群了，但多數人應該也會感受到這樣的做法有其極限，甚至產生「不管如何努力發言，社群人數就是沒有任何增長。我想，我還是不要再這麼做好了」的念頭。

相信我，請別放棄，你一定可以建立支持你的社群。

然而，多數人都把建立社群的前提弄錯了。

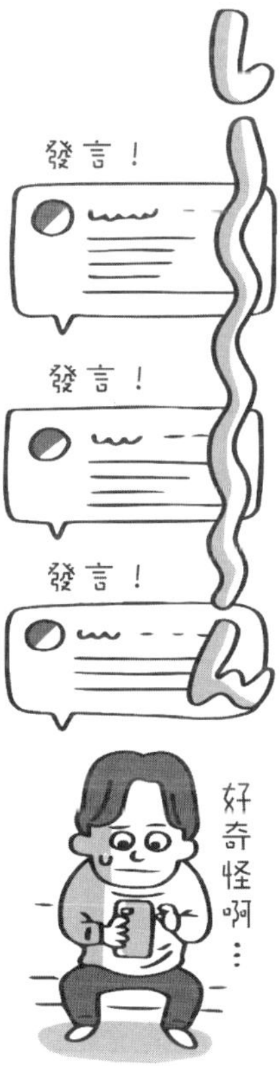

首先，很多人都誤以為「社群馬上就能建立起來」。假如你問那些在網路上持續發言、卻覺得「社群人數一直沒有增加」的人，他們「到底持續了多久」，他們會回答「三個月」、「兩年」之類的答案，但說實在話，這世上應該沒有「在這麼短的時間內就將社群建立起來，而且還能順利運作」這種事吧？

我認為，**無論在哪一個領域，「踏實穩健地投入至少三年」是一件很重要的事**。

舉例來說，我曾經在某次震災後，在建築業參與見習（我的父親就是建築業者）。當時，建築職人們經常跟我說「想要在現場獨當一面，至少需要三年的時間」，他們甚至還說：「如果你努力十年，當你拿著藍圖站在工地時，你就可以在腦海中描繪出開工到完工的畫面。」

倘若你花三年的時間經營社群，一切終究會順利進展下去，等到十年過去，應該已經能超越當年的夢想了吧？

其次，**多數人並沒有區分普通朋友與夥伴的差別**。

在網路上容易結識泛泛之交，但他們多半不是能和你相互砥礪、一同實現目標的夥伴。請仔細想一下，「認識你這個人」和「全力協助你」是完全不一樣的吧？

光是在網路上活動，你能建立夥伴關係嗎？單靠網路聯繫的朋友會經常出現在你的拉麵店嗎？當你的店裡人手不足時，這些人會充當店員、努力地工作嗎？

我想，應該是非常困難的。

即便你和某些人是在網路上認識的，只要創造實際見面的機會、彼此好好地交流一番，這些朋友還是有機會變成你的夥伴。

我希望你能明白——幸福的億萬富翁一直在尋求的不是朋友，而是夥伴。

幸福億萬富翁的祕訣

10

明白「網路人脈」和「實體人脈」之間的差異。

從家庭餐廳到會議室，再到租借空間

如同我剛才提到的，在智慧型手機尚未問世的年代，我就先在家庭餐廳建立了實體社群。因此，我的經驗應該可以做為你在現實場合培育社群時的參考。

起初，我們只是一群烏合之眾，還不清楚到底要做些什麼。所以，為了找到要做的事，大家都學習了和商業有關的知識、與生意人交談，並且開始舉辦讓大家發表意見的學習討論會。

先在家庭餐廳聚會，然後把我學到的事分享給大家會比較好吧？然而，在餐廳裡演講會造成店家和其他客人的困擾，而且若想使人們有所收穫，「現場的氣氛」也十分重要。

由此可知，若要仔細聆聽對方說話，並思索自己的未來，家庭餐廳恐怕不太合適，而且應該沒有什麼男生會在這種餐廳求婚吧！

因此，等社群人數增加到某種程度之後，我們就租了會議室之類的場地來舉行學習討論會。

很快地，這又讓我們產生了利用租借空間的想法。

請先找到三個價值觀與你契合的人

話雖如此，我的真實想法是，若要做到這種程度，還是必須花費相當長的時間。雖然這只是我的感覺，但假如你能找到三位真心想和你一起「讓這個社群變成世界第一」的夥伴，你們的社群就有可能不斷擴展。

然而，究竟該如何聚集這三人，正是建立社群的困難之處。

這裡的重點在於，一**開始不要追求「品質」，而是要重視聚集的「人**

數」。畢竟，任何事物都是先有「量」，才有「質」。

我們往往會堅持「和這個人成為夥伴，我會很安心」，但這種人多半不會參加我們的社群；就算他們真的加入了，通常也待不久。另外，我覺得在多數情況下，並非「相處久了，就會變成夥伴」。

比方說，我有幾個從小學就認識的老朋友。我從十六歲開始建立夥伴關係，進而變成億萬富翁，這一切他們全都看在眼裡。如果他們成為我的夥伴，或許也能獲取豐碩的成果，事實上，我邀請過他們好幾次，但他們就是沒興趣參與。

換句話說，即便是親近且值得信任的人，也未必會和你一起建立社群——這和他們不見得會與你從事同一種運動是同樣的道理。

倘若是在公司裡，或許我們可以用「組織規範」的方式強制執行，但在自由參加的社群中，假如不具備熱忱，那麼這一切都免談。所以，我們勢必得向很多人反覆傳達社群的價值，然後只有價值觀一致的人會留下來。如此一來，具有一定品質的「三位夥伴」就在不知不覺中誕生了。

我們開始建立社群時，由於網路還不普及，所以我們在各處發送募集社群成員的自製傳單。在這段過程中，早期一起發傳單的夥伴早已悄悄地離開了社群，但其他夥伴和看到傳單後新加入的人，至今仍維持著很好的關係……這樣的狀況很常見。

總之，請先慢慢增加能理解自身想法與價值觀的人，如此一來，步上軌道的社群就會不停地擴大。

幸福億萬富翁的祕訣

11

在「最強的三人」發揮作用之前，要持續跟各式各樣的人攀談。

即便在退休後，還是可以建立社群

我在前一章提過，只要讓這些夥伴都成為顧客、提供你各種幫助，便能用這種方式來經營店鋪。當然，你也可以成為社群夥伴的客人，並且全力協助他們。

擁有許多社群夥伴，等同於一開始就有很多固定顧客，但若是在建立社群前就先創業，儘管並非絕對做不到，還是得承擔很大的風險。

舉例來說，某個迎來退休年齡的上班族用退休金開了一間居酒屋。這時，他的前部屬難道不會有「如果是那位主管開的店，我無論如何都不會去」之類的想法嗎？前主管和前部屬的關係頂多只是普通朋友而已，前部屬恐怕不會光顧前主管開的店吧！

在沒有特殊企圖的情況下開店，即便立刻擁有不少常客，也不見得能將社群建立起來。然而，在還是上班族時，卻完全沒有針對這件事進行思考，也沒有做任何準備，然後懷抱著「等退休後再從頭開始」的想法創業，你不覺得「認為這麼做就能順利進行」的想法未免太過輕率嗎？

藝人與公司經營者之所以很快就能把社群建立起來，那是因為他們打從一開始就擁有「知名度」。一般人通常不具備這種知名度，若在一開始只想憑自身魅力來一決勝負，當然會在建立社群時遭遇各種困難。

不過，這樣也沒關係，這也算是一件好事——畢竟，人們可以透過勤勤懇懇地努力，來磨練建立社群必須具備的思維。

為了慎重起見，我還是要說一下，擁有知名度和建立社群沒有絕對的關聯性。那些成功建立起社群的人之所以會成功，那是因為他們有把「該做的事」做好。關於這一點，我之後會在本章中進一步探討。

事實上，在我所認識的幸福億萬富翁當中，沒有什麼知名度很高的人。我會在後面的章節進一步說明這件事。

無論如何，**社群夥伴之間的關係從一開始就必須對等**（即便社群內部有一定的指揮系統也是如此）。一般而言，說「跟隨我的腳步」、靠自己的力量號召眾人都是行不通的。相較之下，用「讓我們大家一起學習」這樣的方式募集，更容易找到社群成員。

當然，方法不是只有舉行學習討論會而已，「讓我們大家一起釣魚」這種做法也可以。在製造「大家聚在一起做某件事」的機會之後，不管是怎樣的社群，都能開始運作。

話雖如此，光是「讓我們一起釣魚」，無法有效創造出前面提過的那三項資本。我想，此時你需要的是構思活動的「企劃力」。

企劃力比「知名度」更重要

讓我們再深入探討一下剛才提到的例子。「讓我們大家一起釣魚」這種說法聽起來其實沒什麼吸引力，既然如此，究竟要舉辦什麼樣的釣魚活動才會令很多人都覺得有吸引力呢？

比方說，向釣具製造商提出企劃，在日本舉行規模最大的釣魚比賽？在發現東京灣深海魚或超級大魚的地方舉辦「釣夢幻○○」的活動，並且請大型釣魚雜誌等媒體贊助與協辦？

能否做到是另外一回事，但在提出這樣的「夢想」之後，就可以使社群漸漸活躍起來。這感覺就像是學校舉辦的文化祭，只要仔細思考一下，就會發現一般公司也是從思索「在這家公司做點有趣的事吧」開始擴展的。

幸福億萬富翁的祕訣

12

和在居酒屋或咖啡店聚會的夥伴們一同談論「未來的計畫」。

舉例來說，有人把大學時的夥伴聚集起來，並思考「讓我們來做點有意思的事」。於是，其中一人就提出了「建立這種網路社群應該很有趣」的網站構想。結果，這樣的社群變成了總市值高達數兆日圓的世界級公司。據說，美國的超大型企業有很多都是從這種「夥伴對話」中誕生的。

由此可見，對於擴展社群而言，能夠擁有多少思索「做這件事很有趣」的人，可說是一件很重要的事。因此，即便是在最糟的情況下，也請不要在居酒屋一起說別人的壞話，或是抱怨公司。

現在是企業與公共團體合作的時代

假如你提出的企劃具有意義且大有可為，那麼你和老店、大公司的合作將會變得更加容易。

舉例來說，我們的社群就曾經與大型百貨公司合作舉辦和「永續發展目標」（Sustainable Development Goals，簡稱 SDGs）有關的活動。由於我們的社群裡正好有許多用環保材質製作衣服、以公平貿易原料製作點心的人，這讓大家得以一同著手進行這項企劃。

事實上，倘若你擁有社群、創意發想能力與行動力，在現今這個時代，你也能成功打動大公司與公共團體[6]。如果可以和贊成你企劃的人或公司合作，多半能獲得你所需要的人脈與資金。即便沒有賺到錢，你也能累積各種

6 譯註：所謂的「公共團體」，可以理解成是類似「地方自治團體」的角色。

經營訣竅。

當然，本書提到的幸福億萬富翁不一定會從事這樣的活動，但在當今這個時代，成功方法不斷推陳出新，或許你可以考慮嘗試這樣的模式：建立社群、提出有趣的企劃，然後和大公司與公共團體合作時推動某項專案（其資金則透過群眾募資的方式取得）。

如此一來，就算是下午五點以後的活動，你也可以付諸實行了。

不只是加入社群，更要建立屬於自己的社群

如同我在前一章提過的，在加入別人的社群之後，你也要建立屬於自己的社群，因此，在用企劃力吸引他人的同時，我希望你也能**秉持「自我推銷」**

的態度。

事實上，社群內部所產生的東西對你的事業發展很有幫助。比方說，過去加入我們社群的人當中，有一位在證券公司工作的年輕男性，他原本參加了一個和投資學習有關的討論會，卻開始逐漸萌生「我想做一些我覺得有趣的事」的想法。

他本來就對設計與流行服飾很感興趣。他的穿著非常時髦，平常會使用繪圖軟體，同時也很喜歡畫畫。於是，他開始不停地在社群裡發表自己的獨特設計。不久之後，他就把這些設計做成T恤和包包，並將它們品牌化。接著，他和社群夥伴商量，在他們開的小店裡販售商品。

不知不覺中，這些商品逐漸變成了一個服裝品牌。很快地，他開了一間屬於自己的店。不僅如此，他現在也打算延伸觸角、挑戰美容美髮等新事業。

此外，社群裡有一位夥伴，他非常喜歡吃美食，同時也會自己做菜，他是屬於研究型的人物，當他還在公司上班時，就開始擔任餐飲顧問，針對想要開店的人提供關於餐點的建議。無論去哪裡，他都在思考和人氣餐點有關的事，而且他所提出的店鋪經營建議也都十分準確，大家都很喜歡他。

於是，在社群逐漸擴大且一切準備就緒之後，他就在東京開了餐廳。由於眾所期待的餐飲顧問終於自行創業、開了一間屬於自己的店，這不禁讓社群成員們有種「我們一直在等這一天到來」的感覺，在這種情況下，他的餐廳生意不可能不好。如今，這間餐廳已經是每月營收一千萬日圓的人氣店家了。

無論他的店料理有多好吃，這裡終究是競爭店櫛比鱗次的東京美食激戰區，正是因為有社群的支持，所以他才能獲取這樣的成功吧！

即便你是「不喜歡如此狂熱」的人，那也無所謂，你可以先加入某個社群，然後再慢慢從中擴展自己的社群。就算你對自身的技能沒有足以商品化的信心，你也可以把社群成員當作「商量對象」，仔細聽聽他們的意見。

假如每個星期能有兩、三次這樣的機會，哪怕只是下午五點以後的活動，一年後的你或許也能擁有隨時能夠自立門戶的能力。

白天是證券營業員……
現在正是買點
真開心
下午5點以後……進行服裝設計！
社群內部
你們覺得如何？
TONARI
17
不錯耶！
好想買！
商品化！
TONARI
17
17
在商店裡販售
Shop

因為是「某某人的咖哩店」，還是能聚集人潮

接下來，讓我來說一下J小姐的故事。

J小姐原本是某家大公司的實業團[7]成員，後來因為經濟不景氣，解散後變成了行政人員。在這樣鬱悶的時期，J小姐遇見了我，並開始建立屬於自己的社群。

起初，J小姐經常和大家一起運動、出去玩，以及唱卡拉OK，不久之後，當她自行創業時，她竟然開了一家咖哩店。那個時候，所有夥伴都心想：「為什麼她會開咖哩店呢？」

J小姐對咖哩並不是特別了解，而且她本身也不會做菜，但J小姐卻說：「只要吃到好吃的咖哩，我就會充滿活力！所以，我想開一間咖哩店，讓大家也能吃到美味的咖哩。」

從社群成員的角度來看，不管J小姐端出的是咖哩、拉麵、漢堡，還是

其他料理，都是可以的，因為J小姐的社群並非「如果是○○才支持」，而是「無條件支持」，所以社群成員們當然都全力支持她。

結果，J小姐的咖哩店開張後，馬上就在某個超有名的咖哩大賽中獲得了優勝，最驚訝的人莫過於J小姐，而我也是有點傻眼。

無論你建立了多大的社群，倘若你不能「把習以為常的小事做好」（我在本書一開頭就提過這一點），一切都是白費工夫。因此，能成為幸福億萬富翁的人絕對會做好這些習以為常的小事。

幸福億萬富翁的祕訣

13

在社群裡培養出十個願意為你的作品（或想法）付錢的人。

7 譯註：在日本，「實業團」是指由企業員工所組成的體育隊伍或俱樂部。

想要他人為你效力，請先以身作則

現在也到了你想進一步了解擴展社群時，究竟需要怎樣的「人間力[8]」的時候了吧？

「理所當然地把習以為常的小事做好」是一件很正常的事，但在這個基礎上，若要受人喜愛，還有好幾個條件必須達成。

我在前一章提過「小狗作戰」：小狗之所以討人喜歡，那是因為牠們會取悅人類，並為人們帶來幸福感。因此，牠們可以獲得眾多粉絲（社群成員）。

公眾人物或某位明星也是這樣，他們都是**從「給予社群成員某種東西」開始的**，所以藝人會接受歌唱與舞蹈訓練，演說家則會學習商業知識、磨練話術，藉以提供更精彩、更具說服力的內容。一個無法提供任何東西的人，應該無法將眾人聚集起來。

這和「為了某個人做某件事」的微小行為是同樣的道理。如果某隻小狗態度冷淡，也不會主動靠近人，只是自顧自地吃飼料，應該不太會討人喜歡。同樣地，假設有人很熱情地推銷自己，卻不願意在其他社群成員舉辦的活動中擔任工作人員，也不參加自己不感興趣的研討會，其他人一定會覺得「這傢伙只關心自己、完全不幫助別人」。

因此，**倘若「自己想得到某樣東西」，就得把「先讓他人有所收穫」放在心上**。我把這種心態稱作「終極利己主義」。

想要夥伴做什麼事情，自己就得先以身作則。然後，謹記這些行為導致了什麼結果，以及夥伴們對它們有何評價。我想，能夠做到這種程度的人多半能取得成功。

這樣一想，你會發現多數億萬富翁等級的人確實都非常「慷慨大方」。

8 譯註：根據日本內閣府的定義，所謂的「人間力」，是指「做為社會的一份子，一個獨立的人能堅強地活下去的綜合能力」。這種能力包含了知識、人際關係、自制力，以及對他人的影響力等。

舉例來說，從事律師、公認會計師、稅務顧問等職業的人，他們的工作是以法律為基礎，所以一般人會覺得他們很現實、只以利益為考量。

然而，收入在億萬富翁等級的人卻意外地讓人覺得相當大方——他們會去做「提供免費法律諮詢或無償接受委託」這類看似徒勞無功的小事，但也正因為如此，他們會接到本業以外的演講與寫作工作，或是被大客戶看上，進而簽下高額顧問合約。

我希望你能相信一件事——我們對他人的付出，終究會回到自己身上。

幸福億萬富翁的祕訣

14

想要別人做的事，自己先以身作則。

提升凝聚力的訣竅：有效運用溝通工具

為了建立超越公司的社群，本章開頭先從「在某個地方擁有聚會基地」開始說起。之所以必須選定聚會的場所，那是因為我們要「創造定期見面的機會」，要是不這麼做的話，社群組織很容易變得分崩離析。

此外，為了使社群好好地發揮作用，必須**建立提升凝聚力的機制**。由於現今有很多方便的工具，所以建立機制也變得更加簡單，只要使用 Line、Slack、Facebook 等通訊軟體，就可以在群組裡頻繁地進行交流。

事實上，我們的社群也會廣泛運用 Line 等工具，尤其是在開始進行某些專案、推動某些事業之後，這是為了避免社群或公司落入一成不變的窠臼。

你也許會心想：「我已經在做這件事了。」那我想問一下，你是否有透過這些工具讓你們的社群活躍起來？你們是否已經放著不管好幾個月、久久才有人發言？

請謹記一件事：之所以會在社群中運用 Line 等工具，目的在於**製造所有成員都能發言的機會**。為了確認實際進展狀況，建議反覆進行「報連相[9]」，相互發送每日報告會比較好。

如果你們沒有辦公室，用遠距的方式溝通也無所謂，但你們還是得定期碰面。在這樣的初始階段，你們必須建立群組聊天室，彼此也要不定時交換意見。最重要的是，倘若身為社群領導者的你有想擴展社群的決心，那麼你最好先在群組裡分享自己的各種想法、點子與目標。

總之，「先不斷發言，同時反覆修正」是很重要的一件事。

建立共同語言的意義

我認為，社群成員之間是否擁有共同語言，將是社群能否順利運作的關鍵。假如缺乏共同語言與價值觀，成員們的行為就不會給人一致的感受。以我們的社群為例，我們主要藉由研習活動來培養社群成員的「共同語言與價值觀」。

所謂的「共同語言」，就像英語一樣。比方說，有一群德國人、日本人、法國人和韓國人聚在一起，打算推行某項專案。此時，若是他們各說各的語言，即便他們想推動這項專案，那也無法順利進行。這時，如果他們以英語做為共同語言，這項專案應該就能順利進行下去了吧？

9 譯註：所謂的「報連相」，是指日本職場溝通的三大準則：凡事「報告」、有事「連絡」、遇事「相談」（商量）。

當然，如果能順利進行，這樣的結果是最理想的，因為就連日本人在使用日語的情況下，不同人對同一個詞彙都有可能出現不同的解釋了。在這裡問你一下，對你來說，「4」這個數字代表什麼意涵？

對我們的社群而言，「4」代表「無條件給予」。你一定覺得一頭霧水吧（笑）！但反過來說，這就是我們之間的共同語言。

在擁有共同語言之後，就會產生共同價值觀。對我們而言，這些價值觀是：

- 想要別人做的事，自己先以身作則。
- 明確且具體地決定要追求的目標。
- 先決定結果，再創造原因。
- 將重要的人看重的事放在心上。
- 不把某種結果歸咎於周遭的人事物，而是歸因於自己的選擇。
- 不和別人比較，而是要超越過去的自己。
- 將想法付諸行動。
- 共同追求勝利。
- 徹底執行那些基本小事。
- 把言語以外的那百分之九十三[10]表現出來。

10　譯註：根據美國心理學家艾伯特・麥拉賓（Albert Mehrabian）的研究，當我們與他人溝通時，言語本身的影響只佔百分之七，說話者的外在形象、表情、肢體語言及語調等因素則佔了百分之九十三。

舉例來說，哪怕你們的目標是「讓所有成員的資產都達到一億日圓」，那也沒關係，但你們同時也得思考「什麼樣的人能變有錢」、「想賺錢究竟要做什麼事」。請用言語加以定義，並具體地討論。

一群沒有共同語言、共同價值觀、共同目的與共同目標的人聚在一起，就像是在打業餘棒球。很明顯地，這些人就算打業餘棒球打了十年，也不會變成職業棒球員。假如想成為職業棒球員，那麼在初期就設定目標，將是一件很重要的事。

只有社群成立者才能扮演「初期設定的角色」——倘若你是社群創立者，你必須率先行動，努力成為你們社群的領頭羊。

幸福億萬富翁的祕訣

15

不妨舉辦學習討論會，大家一起決定社群的共同目標。

請明快且公平地做出決策

在現今這個時代，我們恐怕無法再依賴「公司」這種東西。因此，我們必須建立以自己為中心的社群，並以此獲取前面提過的那三項資本。我想，幸福的億萬富翁走的就是這條路。

猶太成功人士在全世界建立起廣闊的人際網絡；華僑中的億萬富翁即便相隔遙遠，也會彼此互相合作；新創公司經營者在推出創新商品與服務的同時，正努力朝世界級企業邁進。

然而，**所有人的起跑點都是相同的，那就是藉由培養一群「小夥伴」來造就「大成功」**。不過，既然要在公司以外的地方建立社群，那麼這個社群勢必得具備「超越公司的吸引力」。

比方說，有些人因為被公司束縛、不能自由地做自己想做的事，所以選擇加入公司外部社群，但如果做為社群主辦者的你，訂出了許多綁手綁腳的規定、硬逼參與者遵守，搞得大家壓力比上班還大，原本參加社群的優點將因此消失殆盡。

另一方面，不管是社群還是公司組織，**若決策者的態度不明確，都會讓整個群體無法發揮作用**。

舉例來說，大家決定參加某項戶外主題活動，並一起開一間咖啡店。這時，成員開始討論「那我們要賣什麼餐點」。然後，A先生說「我想賣咖哩」，B小姐則說「我想賣蛋包飯」。

此時，假如採取這樣的折衷方案（由於大家看法不一致，乾脆結合雙方的意見，來賣咖哩蛋包飯好了），不僅A先生和B小姐可能不會感到滿意，那些重要顧客恐怕也不會想吃這種餐點。因此，決策者得明確地決定到底要賣「蛋包飯」還是「咖哩飯」。

另外，決策者必須做到公平。也就是說，如果決策者心想「雖然大家都想賣蛋包飯，但因為我很喜歡提議賣咖哩的A先生，所以我決定賣咖哩」或「我的老家是賣魚的，能因此獲利」，所以硬是決定要賣壽司，終究會被大家背棄。

社群決策者、領導者必須秉持公平的原則，針對社群的共同目標做出令人信服的決策（這和年齡、性別、國籍與種族無關）。這就是所謂的「人間性」（人間力），我在第一章提過的「理所當然地把習以為常的小事做好」也是同樣的意思。

當你們的社群規模變大時，無論何時都會有反對意見出現，你會聽到許多和自己不同的看法。每當這種情況出現，身為領導者的你得先仔細傾聽各種意見，並與人家協商，然後明快地做出決策——「我了解大家的想法，同時也已經進行充分協商，這件事就決定選Ａ了。」

這時的重點在於，**一旦和夥伴們充分協商之後，在進行決策時，就不需要經過他們的同意了**。我認為，「沒有夥伴的同意就無法進行決策」的組織確實會自取滅亡。

因此，你平常就必須抱持公平的態度，並且在擴展社群一事上盡心盡力。

幸福億萬富翁的祕訣

16

經常先表明自己的看法。

這麼做的人會被社群成員討厭

建立社群時，我絕對不想讓「會說別人壞話」的人加入，因此，我和想參加我們社群的人面談時，一定會詢問對方過去的工作與人際關係。

「我很努力，但公司就是不認同我。」

「我的前公司非常惡劣，主管也很無能。」

「我的家人非常差勁。」

「我的前女友很無情。」

我要再次重申，會像這樣批評和自己有過關係的人或公司的人，我一定不會讓他們加入我們的社群。

我們的社群可以自由來去，並非祕密結社，於是，這種事經常發生：截至上個月為止都一直參加我們的A社群的人，下個月和Google簽約，並開始在他們的公司工作，然後下下個月又加入了我們另一個B社群。

在這樣的狀況下，那種會說前公司壞話的人，很有可能也會在其他地方大肆批評我們的社群，我只能把這種人視作危險人物。

另外，當社群規模變大時，也經常會發生這樣的事：原本一直參加A先生的社群的人，由於最近有了新興趣，所以想要加入B小姐的社群。此時，那種會說別人壞話的人也有可能會在B小姐那裡肆無忌憚地批評A先生和A先生的社群。正因為如此，社群中或許會產生一些糾紛。

基於上述理由，負責統領社群的領導者，會覺得這些說別人壞話的人很危險。當然，在一般企業裡，也有很多經營者與招募人員有同樣的考量。因此，在換工作時，應該沒有經營者與招募人員會對批評前公司的人做出好的評價。

我認為，如果想變成會賺錢的人，那就應該盡量不要說別人的壞話。

相反地，那些會說「我到現在還是非常喜歡前公司，而且我也打從心底尊敬我的前主管」的人，則會獲得非常高的評價。

對經營社群的人而言，會讚美、給予他人好評的人很有吸引力。光是有這些人存在，就能提升社群成員的動力，而且我們也能擁有很好的外部評價。所以，當我在酒館或餐廳發現這種很棒的店員時，我都會立刻跟對方搭話：「我們正在招募員工，若是你離職了，請告訴我。」

我經常像這樣跟陌生人攀談，而在這當中也產生了許多億萬富翁。

不得不說，在我們社群裡的那些億萬富翁之中，也有很多擅長網羅各方好手的人。

我們必須謹記，**一個人平時的態度，與他所能獲得的機會密切相關**。

幸福億萬富翁的祕訣

17

不要說別人的壞話，
即便是競爭對手也是如此！

第二章

要去哪裡，以及如何自我推銷？

——擴大團隊規模的「厲害機制」

「還算成功的拉麵店」和「因為拉麵事業而成為億萬富翁的人」之間的差異

在前一章中，我已經解釋了如何摒棄「公司思維」，並透過建立社群來自行創業，但光是如此，就算變成了創業家，也無法成為億萬富翁。

不管是普通創業者，還是億萬富翁等級的成功人士，在「建立夥伴關係，藉此擴展事業規模」這一點上並沒有不同。然而，他們所擁有的「夥伴規模」卻有著很大的差異。

有一群值得信賴的夥伴，可以持續經營小型事業，這樣雖然也很開心，但成功的規模無論如何都很有限。

相反地，在全世界擁有眾多夥伴，他們各自開展不同的事業，在這種情況下，錢自然會源源不絕地湧進來。

當然，這當中應該會經歷好幾個階段，但究竟要怎麼做才能透過夥伴將事業擴展至世界級規模呢？本章將針對這樣的思考模式進行說明。

首先，想「藉由夥伴來擴大事業規模」，那就必須改變你的商業思維。

比方說，因為你很喜歡拉麵，所以你想開一間能讓許多人吃到美味拉麵的店。這時，你會先做什麼事呢？在這種狀況下，多數人都會先去學做拉麵、磨練製作拉麵的技術，使自己能提供穩定的品質。如果可以做到這樣的程度，接下來的事就很簡單了。

截至前一章為止，我已經解釋了如何建立社群，並且在開店的同時讓顧客絡繹不絕的方法。只要持續確保「夥伴＝顧客」的原則，使營業額能超出房租、人事費用與食材成本等支出，這間店就可以維持下去。

倘若拉麵的口味得到客人的認可，他們甚至會呼朋引伴來用餐，屆時營收就會不斷提高。不過，既然店裡的拉麵是「你做的」，那麼能提供的數量就會有限。

另一方面，即便你研究了製作美味拉麵的方法，還是可以選擇「不要自己做給客人吃」。舉例來說，你可以制定配方，然後交給其他人來料理，如此一來，你就能花時間思索如何打造「讓顧客蜂擁而至的拉麵店」了。在這種情況下，你可以開設好幾家店，或許未來還能在全日本、甚至是全世界展店。

或者，你可以捨棄「拉麵店」的構想，開始製作調理包、冷凍食品之類的商品。接著，你自行拓展網購等通路、貫徹行銷策略……假如你能成功做到這一點，業績增長應該相當可期。

這兩者確實都是很喜歡拉麵的人可以達成的目標。一般而言，「喜歡看見客人吃到拉麵時的開心表情」的人，通常是前者。

人生一路走來，能盡情地製作拉麵，的確會讓生活變得更充實，但是否**不滿足於這種個人的幸福，並選擇「建立某種機制，藉此對更多人有所貢獻」的商業模式**，也許是能否成為幸福億萬富翁的關鍵差異。

「不用花一毛錢」就能創業

當社群規模變大時，會為你們的事業帶來各式各樣的可能性。比方說，社群夥伴們創立了很多公司，若是能開設為這些公司進行宣傳的廣告代理商，應該也會進展得很順利；公司搬遷不僅費力，也很花錢，假如在社群內部成立一家不動產公司，應該會很有幫助。

無論是哪一種產業，只要符合社群的需求，便很有可能有利可圖。如果能夠進一步超越社群本身的需要，營收與獲利就能大幅提升。

倘若社群裡有人提出某項對社群有益的新專案，這時會建議夥伴們一起「投資」比較好，而且這項專案最好由提案者負責主持，因為這樣的夥伴值得信任，所以所有參與投資的人都能賺到錢。

我認為，華僑和猶太人之所以產生那麼多成功人士，那是因為他們都具備「投資者思維」。我將會在第五章詳細探討這些重要的投資觀點，敬請期待。

幸福億萬富翁的祕訣

18

大膽地對值得信賴的人進行「投資」。

「讚美文化」能夠激發人們的潛力

讓我先說明一下社群裡的「讚美效果」。

在我們的社群中，每當有人達成某項目標或提出很好的構想時，我們都會鼓勵夥伴們誇張地給予「好厲害啊」、「真有趣呢」、「你做得不錯嘛」之類的稱讚（不管是在現實場合，還是網路上，皆是如此）。

我覺得，這就是我們社群的「文化」。如果不理解這種文化，就會覺得待在這樣的社群裡不太舒服。

舉例來說，我們有兩位夥伴和另一位新人一起參加某個場合。在這兩位夥伴不停地說「好厲害啊」、「好厲害喔」且因此感到莫名的感動時，站在一旁、對這種情況還不太熟悉的新成員卻目瞪口呆。等到參與次數變多、逐漸習慣這樣的狀況之後，原本感到傻眼的那位新人，也在不知不覺中開始會說：「好厲害啊！」

如此一來，這種「讚美文化」就會傳播開來。事實上，正是因為有這樣的文化，這才造就了「許多專案都得以順利進行的社群」。我認為，其原因在於這種文化能成為「**想超越過去自己的原動力**」。

面對面談話所帶來的意外效果

請思考一下現今的事業環境。最近採取遠距工作模式的公司變多了，這樣的工作方式或許非常有效率，但對工作失去熱情、悶悶不樂的人似乎也跟著增加了。這是因為在一般情況下能做到的「問候」開始變得無法進行。

比方說，努力工作了一天的部屬下班時，主管會對他說「辛苦了」；就算結果不如預期，一切都看在眼裡的主管與同事也會給予安慰說「你已經做得很好了」。

或許，有很多人會覺得沒必要這麼做，但你可以試著換個角度想一下：若是有做出成果（例如：顧客增加、業績提升），即便沒有受到稱讚，還是能讓自己有繼續努力的動力。然而，在做出成果之前，假如沒有任何回報，可說是一件相當痛苦的事。

此時，如果有夥伴們的慰問，我想確實比較不容易感到沮喪。當然，就算沒有這種慰勞，還是有人能做出成績，但並非所有人都這麼堅強，畢竟和一個人獨自工作相比，「有夥伴相互照看」的「公司」是更容易保有熱情的環境。

雖然社群很自由，但大家**不像在公司那樣經常見面，不僅沒有下達指示與命令的主管，也沒有時常給予關心的同事；在某種程度上，其實這是一種長期被忽視的狀態**。

倘若一切都進展順利，那倒還好；倘若很努力卻覺得結果不如預期，那就很容易喪失動力。所以，**社群比公司更需要在瑣事上培養相互讚美的習慣**。

即便是微不足道的小事，也要以「好厲害啊」、「你做得不錯嘛」來稱讚他人，而且只要養成這樣的「習慣」，就可以輕鬆擁有這種體質。事實上，我們的社群就是透過訓練來養成這樣的習慣。

舉例來說，**我們會兩人一組，然後練習用一分鐘的時間來讚美對方**。根據場合的不同，有時會出現和對方是第一次見面的情況。儘管如此，我們還是會根據對方的外表、穿著、個人氛圍、聽對方自我介紹時所留下的印象等資訊，找出他們的優點，並且極力讚美。

除了使用言語之外，還要搭配熱切的反應不斷地感動對方。雖然感覺像笨蛋一樣，但只要這麼做，現場的氣氛就會變得很融洽，而且大家也會覺得非常愉快。

過去，我們這些夥伴曾經以觀眾的身分參加電視節目錄影。當時，某位資深搞笑藝人還很認真地拜託我們：「有了你們，工作起來很舒服，下星期也一定要來喔！」

光是這樣，就能讓身旁的人「舒適地工作」。如果仔細觀察，你會發現

幸福億萬富翁的祕訣

19

不要忘記用熱切的反應來稱讚他人。

成功的領導者大多「很擅長讚美」，而那些億萬富翁也都會盡情地稱讚大家。已故企業家松下幸之助會在高級日式料理店與旅館讚美所有提供服務的人，而那些比我成功很多的人也曾經因為一點小事稱讚過我好幾次。

那些缺乏讚美文化、反應冷淡的公司反而令人擔心。現在讓我們把公司換成聯誼聚餐吧。假如沒有任何人讚美其他參加者，現場的每一個人也都沒什麼反應，我想那場合簡直就是人間地獄。我認為，經營社群或公司也是同樣的道理。

千萬不要成為社群中的「教主」

在這個世界上，某些人會扮演某種教主，藉此進行自我推銷。比方說，某些音樂家、從事占卜或靈性工作的人會把這種魅力當成自身的賣點，並以此吸引到更多粉絲，從而建立起某種社群。不過，我認為如果使用這樣的做法，在擴展社群一事上很快就會遇到瓶頸。

以教主魅力進行自我推銷的人，其實是藉由自己和周遭的差距來獲取利益，當社群裡又產生另一位教主時，將會危及第一位教主的地位。於是，第一位教主就會想把其他具有教主實力的人排除在外。換句話說，在這種情況下，槓桿無法發揮功效。

然而，能成為幸福億萬富翁的人並不在乎這種事——如果夥伴當中不停地出現比自己更有魅力的人，那自然是再好不過了，他們反而會對這些人進行投資，並竭盡所能地提供協助、讓這些人得以創造出更多價值。

你要明白，槓桿發揮效果不僅能為事業帶來成功，培養出優秀的夥伴更是一件令人開心的事。只要社群裡產生許多比自己更有能力的夥伴，屆時那些人自然會把龐大的利益回饋到自己和社群上。

揭示自己的缺點反而能得到更多

在社群中，不僅不要變成教主，也不要成為難以理解的人。

想擴大社群，必須踏踏實實地努力，讓自己成為一個有魅力的人（包括揭示自身的弱點）。這裡所謂的「努力」，指的並不是努力展現美好的一面，而是**努力使自己變得更好**。

據說，釋迦牟尼的馬夫看過他的很多缺點，但即便如此，釋迦牟尼還是讓人想要跟隨他，甚至因此吸引了許多信徒。

連釋迦牟尼都是這樣了，若我們這些凡夫俗子只想著展現美好的一面，我相信很快就會露出破綻，甚至導致組織崩壞。

反正這些缺點終究會被發現，還不如一開始就將它們揭露出來。如果你很重視那些決定與你成為夥伴的人，就算你這麼做，他們也不會因此感到幻滅。裝模作樣、弄虛作假的人們，反而會失去某些人際關係。

我之所以絕對不在人前逞強，那是因為我其實有過好幾次被徹底擊敗、只好接受他人幫助的經驗。

年輕時，我曾經有過一段真的連飯都吃不起的日子。那個時候，儘管手邊仍有點錢，我還是會把這些錢全部存起來當作活動經費使用。即便我拚命忍耐，終究還是被我周圍的人看穿，而每到了這種時候，我的客戶們就會幫我做便當：「嶋村君，這是我用剩菜做的。」

另外，不知為何，年長女性總是特別疼我。她們曾經帶我去吃飯，然後跟我說「我已經吃很飽、吃不下了，所以通通都給你吃」，讓我一個人吃兩份餐點。直到現在，我還是對她們超級不好意思。

正是因為有他們的溫暖協助，我才能走到今天，所以，**當你覺得很辛苦時，不妨坦率地向他人求助**，畢竟，除了堅強之外，脆弱也是一種魅力。

幸福億萬富翁的祕訣

20

不斷揭示自己的弱點。

能打動億萬富翁的「簡單行為」是什麼？

假如你問這些億萬富翁「你會支持怎樣的人？」你會發現回答「工作能力很強」、「可以讓我賺到錢」的人非常少。

你也許會感到很吃驚，但由於他們在各方面都很有餘裕，所以比起只是「讓自己獲得豐厚報酬的人」，他們更想選擇那些在投資之後能令自己感到開心的人。

既然如此，什麼樣的人會使他們有這種愉快的感覺呢？

我在第一章提過「小狗作戰」。也就是說，支持這種討人喜歡的人，會讓他們產生「做這件事真好」的感受。

事實上，有一位億萬富翁曾經說過這樣的話：「我身旁經常有人介紹某些重要人物給我，或是要我幫忙出資，我通常不會協助他們。不過，**我會幫助那些和我會面結束後、主動打電話跟我說『今天謝謝您』的人。**」

就只是打一通電話、寄一封電子郵件、用Line等通訊軟體發送一則訊息而已，但有沒有做這件事，其實老練的億萬富翁都看在眼裡。

以我為例，我曾經在和某個幾年沒見的人碰面之後，聽到對方跟我說「上次謝謝你的招待」——他說的「上次」，到底是多久以前的事啊？

我想，他可能是指在過去某個學習小組所舉辦的聯誼會之後，我曾經請大家吃飯。然而，當時現場人很多，況且我經常請客，所以記不太清楚了，但當事人卻一直把這件小事放在心上。

而且，他跟我說這件事時，還有其他人在場，讓我不禁有種自豪的感覺，而在這樣受人抬舉之後，我自然會萌生「這次也由我請客吧」的心情。

幸福億萬富翁的祕訣

21

無論是多麼平凡無奇的相遇，
都要記住那份感動，並向對方表達謝意。

由於你「可以做到那種程度」，有力人士因此成為你的後盾

如同我剛才提到的案例，那些不經意的話語或態度，多半能觸動對方的心弦，因此，若想建立最強大的夥伴關係，或是想讓某些人成為你最強的夥伴，那就必須拚命思考「我可以為對方做些什麼」。

我曾經有過這樣的經驗。那段時間，雖然我還住在神戶，但每個月都會為了建立社群而去東京幾次，再加上當時我很想和某位住在立川的年長女性經營者一起進行「團隊建立與共同合作」，所以我非常努力地與她交涉。

有一次，在立川的某間咖啡店裡，這位女性經營者跟我說：「你沒有這種資料嗎？」我確實有那種資料，只是那時我沒有把它們帶到立川去。

如果是在現在這個時代，只要把資料放進筆電，或是讓對方看一下網路資訊即可。然而，當時並不是這樣的時代，那個時候，多數工作都是以紙本

資料為基礎進行的。

於是，我跟她說：「我明白了，我這就去把那些資料帶過來，但因為要花點時間，請容我先失陪一下。」

接下來，我馬上搭新幹線從東京回到神戶去拿放在我家的資料，然後再次坐新幹線返回東京。緊接著，我直接前往她在立川的辦公室，當她看到站在辦公室入口的我時相當驚訝，可能還有點嚇到（笑）。

最後，該位女性經營者說「好的，我會跟你一起做這件事」，並參與了社群的規劃。幸虧有她的協助，我們的社群才得以迅速擴展。

幸福億萬富翁的祕訣

22

在某些行為上，
要求自己做到「那種程度」。

幸福的億萬富翁奉行的「原理原則」是什麼？

為了得到更多人的支持，我們經常在我們的社群中談論「遵守原理原則」的話題——所謂的「原理原則」，其實並不受時代、流行趨勢、地區等因素的影響。我相信，若是能遵守這些原理原則，一定可以取得成功。

於我而言，以下四點都是原理原則：

①普遍的事
②不變的事
③不證自明的道理
④公認具有效果的事

像是我曾提過的「踏實努力的人能獲得成功」，或是「想要別人做的事，自己先以身作則」，這種放諸四海皆準的黃金律都包含在內。

正是因為如此，我們社群裡的所有人都徹底奉行這些原理原則。我想，和「違背原理原則的人」相比，這樣的人一切順利的可能性較高。

我曾提過我們的社群中有許多透過開餐廳取得成功的人。以「①普遍的事」和「②不變的事」來說，你會發現我們鎖定的目標（像是餐廳、美髮店等）大多是自古以來就存在的產業——為想吃飯的人提供餐點、提供一般人很難自己處理的美髮服務，這兩者應該都是西元前就已經存在的工作。

這些產業在西元前已經有實體店鋪，只要地球還在，我想它們就不太可能被淘汰。換句話說，**創業時要盡可能地先選擇這種「普遍且不變的事」**，至於想嘗試其他變化劇烈產業的人再自行承擔風險即可。

至於「③不證自明的道理」和「④公認具有效果的事」，我們又該如何思考呢？

幸福億萬富翁的祕訣

23

從過去就存在的事物
來思考自己能做些什麼。

為什麼有錢人會親自打掃？

讓我們繼續談論和餐廳有關的話題。

既然有了社群成員的支持，開店後連日高朋滿座是可想而知的事，這點我已經在前面說明過其理由。

話雖如此，我們夥伴開的店已經超越社群本身，店裡成功聚集了很多和我們社群毫無關聯的客人，我認為其中一個原因在於我們所奉行的某項原理原則，那就是「**徹底打掃**」。

聽到我說打掃是原理原則，應該有許多人會感到驚訝吧！然而，有很多幸福的億萬富翁與獲得成功的經營者都提倡打掃的重要性，其中最廣為人知的是連鎖汽車用品百貨「黃帽」（Yellow Hat）的創辦人鍵山秀三郎。

鍵山秀三郎先生特別重視廁所清潔。**事實上，那些生意興隆的店家或公司，廁所多半都很乾淨**，這些店家或公司不僅讓人想要再度光臨，他們的辦公室人員也非常值得信任。

在過去某個時間點，我意外得知我打從心底尊敬的美髮集團「EARTH HOLDINGS股份有限公司」的代表董事國分利治先生，居然會「徒手」清洗廁所。

雖然我多少有點嚇到，但就連執掌全日本最大美髮沙龍的國分利治先生都這麼做了，所以絕對不會錯！

我在打掃廁所時也是赤手空拳，而且十分認真——我不會使用任何工具，而是直接把手伸進馬桶內清洗。或許你會覺得這樣很髒，但實際這麼做之後，你會感到非常愉快，不僅充滿成就感，也會覺得自己的心被洗滌了。

假如你進到某間店的廁所時，發現那裡髒得一塌糊塗，我猜你應該會心想「這間店我不會再來第二次了」吧！這就是不證自明的道理。

至於「④公認具有效果的事」，我想和你分享一件事：我曾經參加過世界第一的培訓公司「ASK Academy Japan股份有限公司」所舉辦的相關研習活動，可說是獲益良多，在此強力推薦。我並不是要替他們宣傳，但在社會教育的各個領域裡，因為他們別出心裁的研習課程而感動落淚的創業家與經營者相當多。

啊，不得不說，在模仿國分利治先生的行為之後，我的收入因此提高了不少，真的很感謝他。

幸福億萬富翁的祕訣

24

率先打掃廁所。

這世界上不存在「輕鬆賺錢」的方法

據說國分利治先生不會買一百五十日圓以上的飯糰。然而，他卻擁有最高級的法拉利跑車。他之所以擁有法拉利，那是為了讓他的夥伴們明白「美髮師只要努力工作，就可以開這種車」。

EARTH HOLDINGS已經在全日本開設美髮店了，但為了使大家想成功的欲望變得更強烈，所以他才會去購買最高級的車。

順帶一提，國分先生自己的住宅價值高達十億日圓。為了達到想要的效果，他甚至願意花費幾億日圓，但對於那些沒意義的事，他一毛錢都不肯花。真不愧是國分利治先生，做得實在非常徹底。

據說，有位經營者在自家公司的辦公大樓蓋好時，曾經邀請他很尊敬的某位商界大亨去那棟大樓。當時，那位商界大亨看見大樓裡種了一些樹，於是就對他諄諄教誨了一番：「會這樣種樹，那就代表你還太嫩了。」

這是因為種樹會浪費不必要的錢。在「亂花錢」這件事上，億萬富翁就是如此嚴格。

這世界上有許多關於「輕鬆賺錢」的話題，某些貌似「億萬富翁」的人會煞有其事地說「只要照我說的話去做，你就可以輕易地賺到錢」。他們說，你之所以一直很窮，只是因為你不曉得賺錢的方法而已，一旦你知道方法，你就能變成有錢人。

倘若你問億萬富翁「真的有這麼好的事嗎」？他們多半會忍不住笑出來，然後露出難過的表情說：「從過去到現在，有很多人都因此被騙。」

對我來說，我從不相信「立刻賺到錢」、「輕鬆賺錢」、「瞬間改變人生」之類的話，因為**我認為勤勤懇懇地努力才是最好的做法**。

順帶一提，如果你想了解國分利治先生的思維，可以去閱讀他的著作《腳踏實地的力量》（暫譯）。這是一部非常傑出的作品！

幸福億萬富翁的祕訣

25

不會在價格與價值不相符的東西上花錢。

第四章

只要信任夥伴，事業就能拓展！

——不斷將想法付諸實行的「超強執行力」

超越蘋果？小米的成功祕訣

截至前一章為止，我已經解釋了如何以億萬富翁的思維為基礎，一邊在公司外部建立社群，一邊開創自己的事業。在本章中，我們將參照這些億萬富翁的思考模式，探討如何在鞏固社群的同時成功擴大自己的事業。我相信，在這段過程裡，應該也隱藏著成為億萬富翁的終極方法。

讓我們先思考一下取得非凡成功的實際案例。在這裡，我要舉出的是「小米」（Xiaomi）這家公司的例子。

小米被譽為「中國的蘋果（Apple）」，他們是全世界企業價值最快達到一兆日圓的公司。在日本，雖然知道這家公司的人並不多，但以全球智慧型手機的市佔率來看，他們不僅超越了所有的日本公司，同時也與蘋果、三星（Samsung）、華為（Huawei）等公司相互爭霸。

小米創辦人雷軍原本是一位天使投資人[11]，他在二〇一〇年創立了這家公司。很多人都知道，小米的手機外型相當時尚，卻以低廉的價格販售。然而，據說他最初創立的其實是某個和社交平台很像的社群，而雷軍在創業時做了一件事，那就是讓這個社群的用戶達到一百萬人。

小米的創辦者們在中國國內成立了和「使用智慧型手機、網路、社群媒體的方法」有關的超大型網路論壇（即 MIUI 論壇），並聆聽社群成員的看法。他們之後創立與開發的智慧型手機和應用程式「小米」，就是這些意見的反映。

因此，小米的社群成員都懷抱非常強烈的意識，認定是「我們向公司提案，然後再由他們進行商品開發」。由於這份狂熱，所以這群人被稱作「米粉」。小米的全名是「北京小米科技有限責任公司」，而「米粉」就是「小米粉絲」的暱稱。

11 編註：所謂的「天使投資人」，指的是從新創公司創立初期就開始投資的投資者，通常會在公司尚處於起步階段、風險較高時提供資金，以換取股權或未來的回報。

鎮上的小麵包店不會倒閉的理由

小米透過讓使用者成為社群用戶，藉以支持「由某些人將社群成員的意見付諸實行」的想法，結果這不僅讓他們賺進上兆，一個價值億萬日圓的企業也在這個世界上誕生。

在社群裡成為成功者的人都會像小米這家公司一樣，**在建立社群、鞏固自己的地盤之後，一邊傾聽大家的意見，一邊擴展自己的事業**。

在我們的夥伴當中，有一位叫A君的男生，我是在A君二十七歲的時候認識他的。那時，他應該是在理工科研究所就讀的學生。不久之後，他就進入IT公司擔任系統工程師，一邊工作，一邊思考創業的事。

A君雖然選擇理工科相關工作，但他真正感興趣的其實是餐飲業，假日時他會四處品嚐美食，同時他也非常喜歡自己做菜。然而，他只學過理工知識，所以他曾經覺得自己開餐廳不可能會順利。不過，自從加入我們的社群之後，他開始確信開餐廳這件事完全可行。

在這之後，A君就徹底執行本書中提過的那些事。首先，他很重視人際連結，並逐漸拓展人際關係。然後，他也經常發布美食資訊、舉辦聚餐之類的活動，也會針對開店一事舉行學習討論會，並且踏實穩健地建立屬於自己的社群。

在他的社群裡，有很多像他一樣想要開餐廳的人。於是，他就自行創業，和另一位夥伴成立一個餐廳型租借空間。

由於他經營的是餐飲相關社群，所以很快就聚集了許多想使用這個空間的人——白天是義大利麵店，晚上則提供包場空間租借。在五年內，他又設置了另一處相同用途的空間。此外，他還在東京港區開始經營義大利餐廳。

他用這種方法經營店鋪，並做足一切準備。到了第八年，他甚至開始挑戰由自己掌廚的拉麵店。也就是說，A君不僅是四間店的經營者，同時也是負責做菜的廚師，像他這樣的實業家很少見，所以他善用這種經驗，開始承接為其他店家提供建議的顧問工作，也藉由分享資訊的方式來擴展社群。

有些人可能覺得這很不可思議，但有很多實業家都像A君一樣，一邊經營各種事業，一邊從事自己喜歡的工作。舉例來說，在我們社群的其他夥伴當中，也有人主要經營不動產公司，同時開設餐廳，並且因為個人興趣而經營服飾零售店。

因為已經先擁有龐大的社群，所以創業並不困難，再加上新顧客也很容易成為新的社群成員，這些事業自然可以經營得很順利——**他們看似貪心地經營各種事業，實則建立了讓金錢流動的穩固機制**。

事實上，在日本這麼做的億萬富翁自古以來就存在。比方說，商店街上有一間小小的老字號麵包店，裡頭只有一位老太太顧店，我相信第一次看到這種景象的客人應該會忍不住心想：「這間店沒問題吧？」

然而，這位老太太其實是該區域多數學校午餐的麵包供應商。她不僅從這些學校取得收入，麵包店本身也有不少固定顧客，所以能因此獲利。其實就算放著不管，她也能夠成為有錢人。

幸福億萬富翁的祕訣

26

一邊聆聽他人的意見，一邊更新做法。

尋求「認識新朋友的機會」，並採取行動

你要先建立社群，然後再陸續將社群的需求變成各種事業。如此一來，不但不會失敗，同時還能建立使金錢不斷流動的機制。至於社群的品質與規模，將會決定你成功的程度。

要進一步擴大社群，必須有新構想出現，而要產生這些構想，就需要新的資訊與社群成員。因此，幸福的億萬富翁會尋求新資訊、認識新朋友的機

會，並積極展開行動。由此可見，無論是獲取的資訊量，還是認識新人的機會，一般上班族都無法與這些幸福的億萬富翁相提並論。

既然如此，我們該如何找到「認識新朋友的機會」呢？以我為例，我曾經因迷上撲克牌而建立了一個社群，讓各式各樣的人到街邊咖啡店盡情地享受打牌的樂趣。

和初次見面的人打牌，其實能深入了解對方的性格，這點十分有趣。打牌時，有些人好大喜功，有些人則不願認輸——這正是人生的縮影。

這樣的我為了讓更多人可以更熱鬧地打牌，我甚至在東京和大阪買了房子，然後在那裡開設了打牌用的咖啡店，但幫忙經營這些咖啡店的夥伴竟然背叛我，說「不要在咖啡店裡打牌」，還把我們趕出去。

我為了讓大家打牌，可是花了約兩億日圓呢……直到今天，我依然懷恨在心（笑）。

現在的我則負責經營衝浪社團與籃球社團。我之所以選擇這兩種運動，幾乎都是因為「我自己想從事這項運動」，但參加這兩個社團的人大部分都是經營者與投資人，所以我們會一邊玩耍，一邊說出「我想做這樣的事，你們覺得如何？」之類的話，我們也因此推動了非常多新專案。

我前面提過的那位經營不動產公司的夥伴，為了建立能聚集眾人的場地，在大阪的黃金地段開設了一間水煙館，那裡可以吸食在中東大受歡迎的水煙。你不覺得在這種有趣的店裡很容易產生新點子嗎？

幸福億萬富翁的祕訣

27

透過認識新朋友來產生各式各樣的構想。

「高品質閒聊」將成為下一份事業的啟發

我認為「資訊」是社群不可或缺的命脈，如果沒有這些資訊，就不能進行決策與改善，而且缺乏「社群目前的進展或狀況如何」的資訊，將無法提升社群成員的動力。

不過，和強制向上報告的公司組織不同的是，社群成員的流動性較高，同時也沒有提出報告書的義務。在這樣的情況下，若想蒐集適當的資訊，就只能由你來向大家提出問題。所以，我會請大家「**把有趣的人與資訊告訴我**」，如此一來，就會有人用 Line 傳「最近參與我們聚會的人做了這種特別的工作」之類的訊息給我。

你應該很難想像，可能因為問題不同，所以也有很難開口的時候。因此，我認為創造出讓形形色色的人聚集在一起的「閒聊場合」，或許就能蒐集到超乎自己想像的點子與資訊。

盡量不要召開死板的會議（包含線上會議在內）。輕鬆愉快地舉行「實體聚會」，可能比較容易提出具有吸引力的構想。像這樣反覆進行高品質閒聊，也許是使社群快速成長的必備條件。

幸福億萬富翁的祕訣

28

以各種運動與有興趣的活動來取代會議。

「無聊的學習討論會」會讓你錯失商機

許多幸福的億萬富翁都會在下班後（下午五點以後）參加各種學習討論會與研討會。不可思議的是，儘管他們有時比講師有錢得多，他們還是會出現在學習投資或商業技能的場合。

在這個世界上，就是有「由搭地下鐵到辦公室上班的人，負責教導開勞斯萊斯來辦公室的人如何投資」這樣的事，但從幸福億萬富翁的角度來看，去參加這些學習討論會並非只是為了「學習」，而是**想與現場的人們交談，藉此大量掌握當今商場上的「第一手資訊」**。

不過，由於現在有很多學習討論會也可以線上參與，所以對於這種用Zoom 等通訊軟體舉行的討論會，他們似乎就沒有那麼積極地參加了，因為一旦變成線上聚會，資訊交流就會受到非常大的限制。我本身在社群裡也有許多藉由網路聯繫及舉辦線上會議的經驗，所以我很清楚這一點。

舉例來說，在某個地方舉行實體聚會時，座位被排成口字型。在這種狀況下，我和某個人進行交流時，對我們談論的話題沒什麼興趣的你覺得很無聊，於是小聲地跟正好坐在隔壁的A小姐搭話：「現在能佔用你一點時間嗎？好久不見，你最近在忙些什麼呢？」

由於A小姐對我和那個人的互動也不太感興趣，因此悄悄地回應你所提出的問題。

「其實我現在剛開始做這樣的事。我正在募集對這件事有興趣的人。」

「哦，聽起來很有趣耶！我想了解更多細節。」

「好的，等一下你有空嗎？」

在董事會議那種死板的場合，可能無法像這樣閒聊，但**在沒有上下關係的聚會中，這樣的對話很常見**——幸福的億萬富翁自然不會放過這種機會。

如果想在網路上做同樣的事（一邊參加 Zoom 會議，一邊自行在 Line 上開會）會變得很麻煩，雖然不是不能這麼做，但這樣做的人少之又少。

由此可見，「網路聚會」和「實體聚會」是兩種完全不同的東西。

幸福的億萬富翁為何想在家裡舉辦派對？

相反地，億萬富翁應該會盡量創造出更「現實的場合」——這就是我在第二章提過的「建立基地」，本書介紹了很多開餐廳的人，他們這麼做多半都是因為想創造聚會場所的緣故。

每當他們要開創新事業時，一定會建立一個「場地」，像是傳統酒吧、咖啡店、充滿個性的餐廳、租借空間、水煙館等。假如能創造出許多聚會場所，那就可以蒐集到很多資訊，而在這當中，最適合且方便做為基地的地點終究是「自己的家」。

我想，有許多億萬富翁的住家打從一開始就規劃成能容納多人聚集的空間，這是因為他們可以在那裡舉辦家庭派對，他們這麼做不是為了炫富，而是為了**蒐集各種資訊**。

然而，這並非億萬富翁的專屬特權，你也可以用租金便宜的公寓當作聚會場所，只要空間還算寬敞、把房間打掃乾淨，然後再準備一些餐點，大家就能在這裡聚會。相反地，即便在都會區的黃金地段打造漂亮無比的場地，只要不能成功號召眾人，那就無法成為基地。

至於要怎麼利用這些空間把眾人聚集起來、藉此蒐集資訊，就是幸福億萬富翁在思考的事。

幸福億萬富翁的祕訣

29

住在隨時都能聚集眾人的家裡。

在人前展示「實現力」，而不是夢想

當然，就算聚集了很多人、提出了許多構想，也不見得可以推動專案。若想推行專案，那就必須有具體的目標與計畫，不然不會有人願意投注時間與心力，更不用說投資了。

舉例來說，我也有投資航太產業。雖然起因是有人慫恿我說這個產業很夯，但其實光靠砸錢，也不一定能推動其進展。以宇宙為舞台，要如何為公司帶來營收與利潤？要怎麼透過航太專案對世界有所貢獻？在尚未釐清**商業模式**、**財務狀況**及**法律相關事務**的狀態下，根本不會有任何人願意投資。

因此，提出構想的人必須有釐清這些面向的充分覺悟，並對周遭的人說明清楚。

另外，**想建立強大的團隊，你得先設定目標**。然而，並非有了目標就好。在商場上，結果就是一切，「實際上能否順利進行」將被嚴格檢視，尤其是像億萬富翁這種等級的人，他們是不會只投資夢想的。

比方說，若是上班族著手進行某項專案，就算沒有達到目標，可能頂多被罵一下就結束了，但**對投資人或生意人而言，沒有達成目標就等同於被市場淘汰出局**，尤其是在日本特別有這樣的傾向。因此，將這種風險納入考量的投資人、生意人、億萬富翁的計畫都十分縝密，而且都經過一番深思熟慮。

即便是在從東京站前往新宿站時拿到紙製世界地圖，那也沒有任何意義，大部分的人都對此感到厭惡，偏偏工作能力不佳的人做出來的計畫往往都是這種程度。

若想啟動某項專案，你必須有可實現的目標與周延的計畫，除了向他人訴說夢想之外，同時極度重視結果、成果的人才能擴大這項專案的規模。

幸福億萬富翁的祕訣

30

不僅僅是談論夢想，
還要有一套實際可行的計畫。

跟誰分享你的想法，可以讓它付諸實現？

我想，做生意時極為重視結果與成果是一件很正常的事。不過，像我們的社群這樣在大家的關係變得非常好之後，如果有人說「我想把這個構想變成一項專案」，我們就會湧現「哪怕很困難，也要讓他付諸實行」的情緒。或許一切都能進展得很順利，就算失敗了，我們也可以從中學到教訓。

我認為，這裡的重點在於「人」，也就是使「他人」對自己提出的構想「感興趣，並共同參與」。

比方說，雖然某個構想很有趣，但聽到的人會產生「這個人真的做得到嗎？」的疑問，於是，提案者找來實務能力很強的人，並且提議「你要不要跟他聊一聊、看看你有沒有興趣？」如此一來，這個構想的可行性就會迅速提升。

讓這兩個人結合在一起是正確的。
我有個構想……
那就交給我吧。

事業從來不是一個人單打獨鬥，而且完全按照最初設想來進行的專案非常少，若想解決這種困難的情況，那就必須提高目標達成能力。

為了達成某項目標而想出方案A，一般人都只會做到這種程度。然而，目標達成能力很強的人不僅會額外啟動方案B，為了保險起見，他們還會一併啟動方案C、方案D。這樣一來，他們就可以有備無患。

朝令夕改是很正常的事，目標達成能力很強的人甚至一天改變一百次，但他們一定會實現他們的目標，而這已經稱得上是一種執念了。相反地，普通人不會設想備用方案、改變計畫，而是不停地更改目標，這樣是無法成為億萬富翁的。

由此可見，只要先掌握「目標達成能力很強的人是誰」，就可以提升社群整體的目標達成率——與他人建立連結，不但能使你實現某項計畫，也可以讓這項計畫變得更有趣。

舉例來說，當你提出一項旅行專案時，若是能使其他夥伴產生興趣，並在旅遊目的地主持電影節，或許這項活動會變得更有意思。另外，如果可以跟在當地經營旅行社的夥伴打聲招呼，或許甚至還能把這項活動變成團體行程，並且到旅遊書上絕對沒有刊載的景點遊玩。

夥伴們的社群規模越大，大家提出的點子數量就越多、品質越好，同時也越容易實現。

幸福億萬富翁的祕訣

31

讓他人對自己提出的構想感興趣，並共同參與。

建立夥伴關係的關鍵：「信賴」與「相互援助」

以前和華僑一起工作時，我從他們身上學到建立社群的方法。所謂的「華僑」，是指旅居海外（包括日本在內）的華人。由於他們很重視血緣關係，以及與出生地的連結，因此多數人應該都覺得他們不太可能讓剛認識的日本人加入他們的社群。

但令人感到意外的是，只要和他們建立信賴關係，就可以參加他們的社群。一旦獲得這些夥伴的認可，我覺得他們絕對不會背叛你。儘管沒有血印誓約書之類的東西，但當你遭遇困難時，夥伴們通常會伸出援手，這似乎已經成了華僑界的一種規則。

因為大家都像這些華僑一樣看重社群夥伴，並抱持著**「不會背叛嶋村先生」的心情，所以我能很輕鬆地跟他們談論我所想到的各種點子**。同時，他們也相信「當我遇到困難時，嶋村先生會提供協助」，因此他們會義無反顧、毫不猶豫地開創自己的事業。

假如我是會隨意竊取他人構想的人，我相信不會有任何人來找我商量。另外，倘若我在夥伴們遭遇困難時冷眼旁觀，那些力爭上游的人就會開始尋找更值得信任的領導者。

話雖如此，幫助大家並不是這麼簡單的事。在一萬人裡，只要有幾個人受到「差別待遇」，很快就會失去所有社群成員的信任。然而，只要塑造一個百折不撓、在踏實穩健中不斷產生成功者的環境，就能讓社群整體變得更堅強。

這和華僑們經年累月打造出來的應該是同樣的東西。**彼此之間沒有紙本合約的約束，而是依靠信賴關係連結在一起**。正是因為如此，只藉由一目瞭然的關心與援助來鞏固夥伴之間的信賴關係，可說是「相互協助的社群」顯而易見的特徵。

幸福億萬富翁的祕訣

32

絕對不會背叛「夥伴」。

和從社群裡創業的夥伴共同合作

你是否曾經聽說過空手道的起源？現今，我們都理所當然地以為空手道是日本自古流傳下來的武術，但據說它其實是從沖繩古代的「琉球手」（後改稱「唐手」）演變而來。

關於空手道的起源眾說紛紜，其中一個說法是，它原本是從中國傳過來的一種拳法，之後在沖繩發展成今日空手道的原型「唐手」。百年後，有人將唐手傳入日本本土，並稍加修改，最後定名為「空手」。這種武術開始廣為人知，全國各地出現了很多空手道學習者。

傳到本州後，「極真會」、「誠道館」等空手道組織應運而生，雖然大家都來自同一個起源、擁有共同的基礎，但現在彼此之間的連結卻很少。從事空手道的人目的各不相同（包含為了促進健康、變得更強、培養禮儀教養等），但他們全都承襲了「空手道」的形式[12]，使空手道文化深植於這個國家。

我覺得在社群裡取得成功的人和這些空手道的傳承者很類似。事實上，我在團隊建立中所獲得的成功也是如此，加入我們社群的人也紛紛建立屬於自己的社群、進一步拓展人脈。

儘管我們對活動形式沒有硬性規定、都採自由參加的方式，舉辦與否也完全交給個人決定，我們還是擁有共同語言與共同價值觀。

12 譯註：原文使用的是「形」這個字。在空手道中，「形」這個字是指各種技巧的組合。

由於「人性本善」的觀念根植在我們社群成員的腦海裡，這使得我們會立即與彼此建立起合作關係。所以，我們不曾被時代的浪潮淹沒，同時我也相信，今後我們也不會被時代所淘汰。

重拾「想和夥伴們一起開心地去做」的純粹情感

如果是加盟店，恐怕無法做到這一點。

在瀏覽加盟總部（franchiser）與加盟主（franchisee）之間的合約時，在我看來，我會覺得合約內容對加盟總部相當有利，因為只要任何一個加盟主發生不幸事件，所有加盟主都會同時受害。

「工作時總是和無法信賴的夥伴相互猜疑」是一件非常累的事。幸福的億萬富翁想建立的社群並不是這種東西。

在歐洲各國戰爭不斷的時代，曾經有個著名的猶太家族把孩子分別送到倫敦、巴黎、維也納，讓他們建立各自的人脈。倘若某個地方的夥伴因戰亂而受到傷害，其他繁榮國家的夥伴們就會提供協助、迅速地與其他兄弟共同承擔戰爭的勝敗，因此獲得了極大的利益。他們是以家族這個群體來進行戰鬥的。

三菱商事、伊藤忠商事等日本綜合商社在全世界建立社群，這種力量有時甚至超越了日本政府。一手構築三菱財團的三菱商社創辦人岩崎彌太郎，和他的夥伴們一同壯大日本這個群體，期待日本得以與美國、英國、俄國等列強為伍。

即便我們不像岩崎彌太郎先生那樣能改變全日本，但只要我們所有人都持續懷抱著「想和夥伴們一起開心地去做」的心情，社群就能順利運作。

也許，到頭來世界上的幸福億萬富翁，都只是在長大後繼續抱持兒時的純粹情感而已。

幸福億萬富翁的祕訣

33

不要忘記和朋友一起玩耍時的「快樂心情」。

第五章

邁向只有抱持「投資者思維」的人才能賺錢的時代

——為了一輩子不吃虧而想事先知道的「和金錢有關的事」

平時穿運動服出門、以腳踏車代步

最後，在本章中，我們會再次探討「幸福的億萬富翁」到底是怎樣的人。

在許多人的印象裡，所謂的「億萬富翁」，就是擁有豪宅、開高級車、穿著名牌服飾、戴著名牌手錶的人——雖然確實有這種人，但**多數億萬富翁都會注意不要太過招搖**。

過去，我在大阪帶看房子時，曾經和某位在當地被譽為「不動產大亨」的億萬富翁碰面。那時，他居然是騎淑女車來的。看著身穿皺巴巴的運動服、腳上踩著拖鞋、騎著淑女車來到現場的大地主，我和同行的朋友還以為他是管理員爺爺呢！

我自己也很喜歡以這樣的裝扮在街上閒晃。在這個世界上，還有很多億萬富翁看起來也是如此「普通」。

對那些資產超過一定程度的億萬富翁而言，「穿著一眼就被看穿是億萬富翁的衣服、開頂級豪車等行為」絕對是一件十分危險的事，更不用說在社群媒體上分享自己的私生活了，在某種程度上，這可是攸關生死的重大問題。

儘管如此，還是有許多貌似「億萬富翁」的人在社群媒體上炫耀他們五光十色的生活。

我在前面曾經提過，統領全日本最大美髮集團「EARTH HOLDINGS 股份有限公司」的國分利治先生住在價值十億日圓的家裡，而且開的是法拉利跑車，但他之所以這麼做，終究是為了擴展「EARTH HOLDINGS 股份有限公司」這個群體。既然如此，社群媒體上那些「億萬富翁」為何要炫耀他們絢麗奪目的生活呢？

這裡要探討的絕對不是這兩種做法孰優孰劣、孰是孰非的問題。只要你試著深入思考，也許就會發現很有趣的事。

以下分享供你參考：我有個億萬富翁的朋友，他大量持有拓展路易威登（Louis Vuitton）全球版圖的 LVMH 集團股票，光是靠這些股票的股息，他就能過著優渥的生活。

你會發現，億萬富翁買的從來不是路易威登所生產的商品，而是這家公司本身。

當億萬富翁開始走向墮落時……

在我看來，墮落的億萬富翁具有以下特徵：

- 以前和夥伴們一起拚命工作，現在卻沉迷於高爾夫球。
- 過去身上的裝扮（包括衣服與髮型）低調且有質感，如今卻戴著華麗浮誇的手錶與首飾，滿身珠光寶氣。
- 以前開的是低調車款，現在卻開豪華名車。
- 過去早睡早起、作息規律，如今卻常跑夜店。
- 以前對八卦完全沒興趣、徹底遵守保密義務，現在卻非常喜歡大肆談論各種八卦。

假如比起社群的成功，你更在意自己的高爾夫球成績，那麼你的億萬富翁之路已到此為止。倘若比起夥伴的成功，你更在意自己身上的服裝與手錶，你就已經走向毀滅。

那些優秀且自律甚嚴的幸福億萬富翁看見這樣的人時，心裡會想著「這個人已淪落至此」，並棄他們而去。同樣地，那些靠自己的力量成為億萬富翁的人在篩選交往對象時，也是如此嚴格。

幸福億萬富翁的祕訣

34

不會只在外表與嗜好上花錢。

為了能活到、玩到一百歲，不吝惜投資

在這種狀況下，會讓幸福的億萬富翁捨得花錢的東西是什麼？那就是**維持健康**，這比任何事都還要重要。至於一般人，又會為了擁有健康花多少錢呢？

過去，我也曾經對自身的健康相當不在意。那時的我都以泡麵為主食，實在是很糟糕。不過，**在認識很多幸福億萬富翁等級的人之後，我漸漸體認到認真照顧身體很重要**。於是，我開始和大家養成同樣的習慣、花錢維持健康。既然如此，我究竟投資到什麼程度呢？

首先，我會為了健康而注射「高濃度維他命C」和「穀胱甘肽」（Glutathione），這樣的點滴打一次要八萬日圓左右，而我每個月會打兩次。不僅如此，我每天還會接受六十分鐘的身體整復，一次六千日圓，三十天大概要花二十萬日圓。此外，特別訂購的中藥與營養補充品也要花二十萬日圓左右。以我為例，我每個月在健康上的投資大約是五十至六十萬日圓。

或許你會感到很吃驚，但像我這樣覺得自己的身體很寶貴、在健康上投資更多錢的人比比皆是，而且正是因為擁有健康的身體，所以才能專心工作、盡情遊玩。如果可以的話，我希望擁有能工作、遊玩到一百歲的健康身體。由此可見，幸福的億萬富翁不會在健康上吝惜花錢。

根據「高品質資訊」來進行決策

不管從事什麼職業，那些願意認真挑戰的人，大部分都非常喜歡學習，而**我身邊的所有成功人士都求知若渴**。

這幾年來，以深入淺出的方式來解說書籍的影片之所以大受歡迎，我想那是因為有許多人認為可以讓人一邊健身、一邊學習的影片很有價值。

平時我會吸收各種類型的資訊，以此做為自我投資，例如歷史相關書籍與影片、高品質研習活動，以及日經新聞社、東京電視台所發布的各種資訊，這些都令我覺得特別有價值。

我還記得，很多前輩都對十六歲就出社會的我說「想成功，那就必須先閱讀《日經新聞》」，使我感到相當驚訝，而這彷彿還是昨天的事。

老實說，我原本連《日經新聞》是什麼都不知道，但現在看起來至少像是有在閱讀新聞的樣子了，再加上這樣的我實在是太喜歡日經新聞社了，所以在不知不覺中也變成了他們公司的大股東（附註：日經新聞社是日本五大電視台之一，東京電視台的大股東）。

我希望你能明白，「不盲目吸收資訊，而是弄清楚自己閱讀書籍、觀看影片是為了什麼目的與目標（包含達成這些目的、目標的策略與戰術）」是一件很重要的事。在我看來，這種自我投資的效益非常高。

幸福億萬富翁的祕訣

35

明白對自己真正重要的投資是什麼。

抱持「投資者思維」

此外，幸福的億萬富翁還會對「場地」進行投資。本書已經解釋過，在擴展社群時，創造聚會場所很重要。在這裡，我想透過自身的小故事來說明，就自我投資而言，選擇場地時有何重點。

我非常喜歡衝浪，因為衝浪不僅很好玩，它和經營公司也很類似。海浪不會自己配合你，而是你要去順應它的波瀾起伏，這和市場的波動是一樣的。某些浪對很喜歡衝浪卻不擅於此的我來說，完全是種修行。當我被捲進浪裡，或是被浪峰擊中、摔得七葷八素時，我學會了謙虛。

當初我不過是在四公前往夏威夷時隨意嘗試了一下衝浪，結果因太過有趣，我目前已經累積十年以上的衝浪資歷。現在，我幾乎每個星期都會到宮崎去，一邊衝浪，一邊和夥伴與客戶們開會。

日本很冷的時候，我就會去夏威夷衝浪，在夏威夷衝浪本來就很好玩，而且衝浪教練Y先生也是一個很棒的人。

在上過Y先生的衝浪課的幾個月後，我再度前往夏威夷，然而，當我打電話給那間衝浪學校時，我非常欣賞的Y先生卻已經離職了，我只好先去其他衝浪學校上課，但坦白說，實在是很無聊。當時的我與其說是喜歡衝浪，還不如說是喜歡Y先生所教導的衝浪課程。

在那天之後，我花了好幾天的時間找到了Y先生，連我都覺得自己執念很深。於是，我馬上就和Y先生預約上課。

在這之後，為了上Y先生的衝浪課，我在夏威夷待了一陣子。在受到Y先生照顧的一段時間後，我問他「我可以當你的一號徒弟嗎？」結果，他爽快地回答：「可以喔！」此後，我和Y先生就展開了師徒關係。

我很重視這一點：**想學習任何事，都要自己選擇學習對象，然後再接受系統化教學**。

雖然在課堂上我經常被Y老師罵，但我還是覺得很開心，而且既然已經成了他的徒弟，那麼我非得學好衝浪不可，因為假如我一直學不好，那可是會丟師傅的臉呢（儘管Y老師一點都不在意）。

在夏威夷的那段期間，我每天都待在海裡整整八小時，即便Y老師跟我說「你這樣不太正常」，我還是覺得多練習是再好不過的。

比起一小時，兩小時更好。比起兩小時，四小時更好。比起四小時，八小時更好。我認為，想學好某件事，「盡量拉長練習時間、多體驗幾次」很重要。在理解最基本的原理與規則之後，只要勤加練習，就可以熟能生巧。

「選擇工作地點附近的住家」和「選擇衝浪地點附近的住家」

為了盡可能拉長上Y先生衝浪課的時間，我甚至更換了旅館。我從原本需要開車才能抵達上課地點的旅館，換到只需步行幾分鐘的旅館。

這世界上有許多成功人士都說「請選擇工作地點附近的住家」，而我卻是「選擇衝浪地點附近的住家」。並非有人叫我這麼做，那是因為我想盡快學會衝浪，所以做出了這種選擇。

結果，選擇衝浪地點附近的住家真是太好了，移動時間因此縮短不少。我不用再擔心因為塞車而導致上課遲到，而且離開海裡之後，我也能立刻回到房間內、讓身體溫暖起來，接著馬上就可以在整潔的環境中工作。

那時，我選的是能看見整片大海的房間，因為早上起床後我可以從房間的陽台看到海、事先確認浪況，然後我會在飯店裡購買好喝的咖啡，邊喝邊走到上課地點。在這當中**沒有任何不必要的動線浪費**，實在是太棒了。

雖然選了這家旅館的這間房間後住宿費因此上升，但我獲得的東西更多，我覺得這是很好的自我投資。除此之外，我也避免了其他方面的動線浪費。

在我大阪和東京的住家正下方，都有 7-Eleven 與健身房。對特別喜歡 7-Eleven 與健身房、而且使用頻率很高的我而言，附近就有 7-Eleven 與健身房是我選擇新居時的重點。

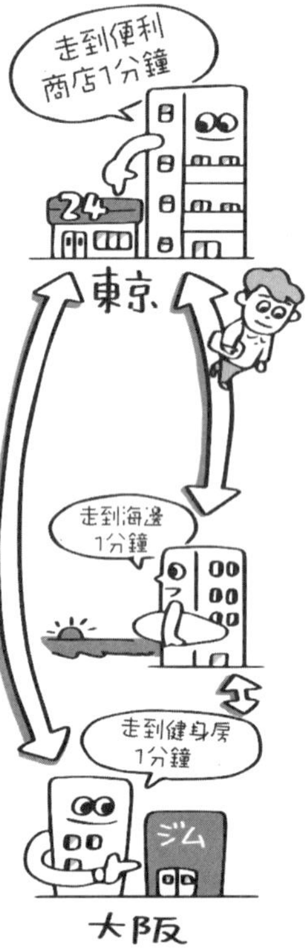

在國內出差時，由於我的工作很難配合旅館入住與退房的時間，所以我都選擇直接租房子。在這樣的狀況下，我在關西和關東都至少有一間房子會比較好，再加上若是因為從事我喜歡的衝浪活動而要經常出海，選擇衝浪地點附近的住家，效率也會提高。

然後，再把父母要住的房子也一併納入考量……結果，我就有了四處住所。於是，我從各方面避免了動線浪費。

在避免浪費的情況下工作，並騰出時間和夥伴們進行面對面交流（這乍看之下似乎有些浪費時間），我覺得這麼做發揮了非常大的效果。雖然在避免動線浪費的同時，追求一定的舒適感必須支付相應的房租，但我覺得這也是很好的自我投資。

對我來說，為了上具有成效的衝浪課程而前往夏威夷、為了避免動線浪費而更換旅館，以及變更住所，都是一種自我投資。

幸福億萬富翁的祕訣

36

「從如何避免浪費」的角度來變更住所。

養成「投資某家公司的股票＝支持這家公司」的思維

我租房子時的重點在於，能讓自己舒服地工作、把夥伴聚集起來，以及舒適地生活。假如這個地方還能賦予夥伴們夢想，那就更好了。

有很多幸福的億萬富翁都十分重視這一點：為了和夥伴們進行交流，在自己的住家上花錢。另外，億萬富翁多半都擁有帆船與遊艇，但這絕對不是為了炫富，而是因為他們深信「在船上舉辦派對，並邀請夥伴們一同參與」是一件很重要的事。換句話說，他們會對「聚會場所」進行投資。

事實上，**對他們而言，「投資」在很大程度上代表「對夥伴的援助」**。

比方說，說到「股票投資」，大部分的人應該都認為這是為了賺錢，但我覺得幸福的億萬富翁對那種能直接賺到錢的投資已經沒有興趣。**幸福的億萬富翁會為了支持自己喜歡的公司而進行股票投資**。

以我為例，我非常喜歡外送壽司「銀之皿」，他們不僅食物超級美味，也不曾讓我遇到叫外送時常見的麻煩——他們總是準時將壽司送達。每當我利用銀之皿的外送服務時，我都由衷地感動，並持續購買他們的股票，結果我就這樣變成了參與他們公司經營的大股東。

購買某家公司的股票，等同於成為這家公司的老闆，但在某種程度上，這感覺就像是和該公司及其充滿熱忱的員工與相關人等變成夥伴。只要這麼一想，心情就會變得很興奮！

幸福億萬富翁的祕訣

37

購買「讓自己感動的公司」的股票。

我從十幾歲開始投資所了解到的「金錢真理」

同時，我也很重視不動產投資，從二十幾歲時就一直持續至今。

從十幾歲就開始投資與經營事業的我，曾經把資金中的一部分存放在某家金融機構裡。然而，那家金融機構卻陷入經營危機。在那個時代，多數人很難想像金融機構竟會倒閉，而我也是其中一人，幸好那些資金大部分都有拿回來。

這時，我學會了為自己負責：**我的金錢、資產，由我自己守護**。

既然如此，那該怎麼做呢？在思考的過程中，我想起了那些住在山坡地豪宅的億萬富翁說過的話。

我曾經在序章裡提過，我的父親從事建築相關工作，他的業主中有一部分是億萬富翁。小時候，我曾經倚仗著身為孩子的特權，毫無顧忌地詢問這些人和他們資產狀況有關的問題。

因此，我從中了解到**億萬富翁非常喜歡投資不動產**，這些億萬富翁在各個黃金地段擁有許多大樓與大廈。倘若有住在頂級社區豪宅、卻在大樓裡穿著拖鞋走路的人出現，這個人也許就是該大樓的擁有者。

後來，我以東京為中心，購買了不少不動產。

怎麼進行不動產投資才能獲利？

雖然對很了解不動產投資的人而言，這是在班門弄斧，但我還是要說，在購買不動產時，「以貸款的方式來運用財務槓桿」是一件十分重要的事。

一般人往往會對此有所誤解，我們**不是為了購買不動產而貸款，而是為了貸款而購買不動產**。也就是說，我們是為了利用財務槓桿才購買不動產的。

普通老百姓到銀行去，即便說「我要買股票，把錢借給我」、「我要投資債券，把錢借給我」、「我要創業，把錢借給我」，應該也很難借到錢。然而，**如果說「我要購買不動產，把錢借給我」，金融機構多半都會貸款給他們**。

A先生存了一億日圓，然後購買價值一億日圓的不動產，B小姐則是存了一千萬日圓，接著貸款九千萬日圓，以此購買價值一億日圓的不動產。顯而易見的是，他們兩人資產擴大的速度完全不同。

假設銀行貸款利率是百分之一，不動產的投資報酬率則是百分之四。為了方便說明，空屋率、利率變動、稅金，以及其他費用的計算在這裡姑且省略。

A先生在存了一億日圓之後買房子，他會獲得（一億日圓）×（百分之四）＝四百萬日圓的租金收入，所以A先生的實際收入就是四百萬日圓。

另一方面，B小姐則是存了一千萬日圓，接著貸款九千萬日圓，以此購買價值一億日圓的不動產。首先，她會得到（一億日圓）×（百分之四）＝四百萬日圓的租金收入。然後，她再從中還給銀行（九千萬日圓）×（百分之一）＝九十萬日圓，所以B小姐的實際收入是三百一十萬日圓。

乍看之下，A先生的四百萬日圓似乎比B小姐的三百一十萬日圓多，但請讓我們改變一下觀點：**B小姐所使用的「自己的錢」只有一千萬日圓**，因為她用一千萬日圓獲得了三百一十萬日圓的收益，實際報酬率是百分之三十一。你不覺得這很厲害嗎？

此外，假設B小姐用同樣的方法買了十件價值一億日圓的不動產，她會得到（十億日圓）×（百分之四）＝四千萬日圓的租金收入。接下來，她再從中還給銀行（九億日圓）×（百分之一）＝九百萬日圓。

（四千萬日圓）－（九百萬日圓）＝三千一百萬日圓。

若能做到這種程度，不動產投資就已經變成她的本業了。

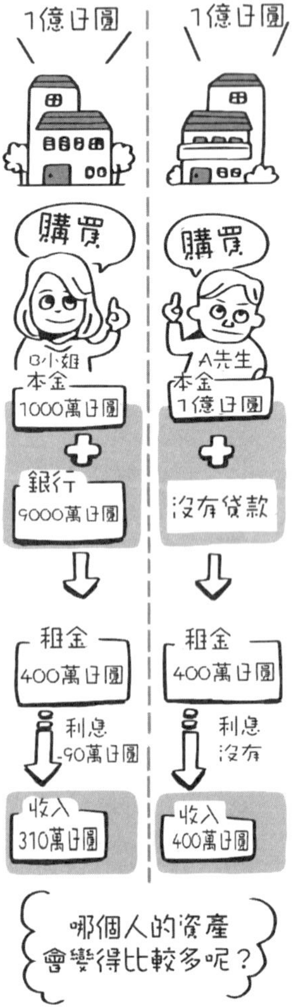

選擇購買一整棟有十間房間的大廈，而不是獨立套房

我相信，當我這麼說時，一般人通常會心想：「不要說十億日圓，我連一億日圓都很難還完了，以我目前的收入，只能買價值一千萬日圓的獨立套房（one room mansion）吧！」

必須說，在不動產投資上不順利的人，也許要改變這樣的思考習慣會比較好。

購買不動產時的貸款還款來源，是從這些不動產獲得的租金收入。我想，認為「購買不動產時的貸款還款來源，是自己的工作收入」的人，是無法擴大投資規模的，因為這種想法很快就會被銀行看穿。如此一來，當你購買的不動產數量增加到某種程度時，銀行就不會再借錢給你了。這樣你了解了嗎？

不僅如此，**認為「購買不動產時的貸款還款來源，是從這些不動產獲得**

的租金收入」的人，會選擇購買價值一億日圓的不動產，而不是價值一千萬日圓的獨立套房。

請思考一下：無論是購買價值一千萬日圓的不動產，還是價值一億日圓的不動產，當中所耗費的時間與心力都是一樣的，反正都要花費時間與心力了，購買總價較高的物件會比較好吧？

此外，假設目前有一間價值一億日圓的獨立套房（區分所有[12]），以及一整棟有十間房間、總價一億日圓的大廈，有經驗的不動產投資者不會購買獨立套房（區分所有），而是選擇購買一整棟有十間房間的大廈。這是因為前者的入住率可能是百分之百或百分之零，風險非常高，而後者就算有一間空房，還是能維持百分之九十的入住率。

有「價值」的是土地，還是建築物？

除此之外，**用木構造、鋼骨構造或鋼筋混泥土等方式建造而成的有價獨立套房（區分所有）**[12]**，隨著時間流逝，其價值（價格）將越來越低，總有一天會趨近於零**。

相反地，包含土地與建築物在內的一整棟有價大廈，**即便隨著時間過去，建築物本身的價值已經趨近於零，其土地仍保有價值（價格）**。換句話說，該物件具有一定的擔保價值。

你身邊是否有透過縮衣節食來省出頭期款、然後向銀行貸款後說「我在某棟超高層大廈[13]（tower mansion）買了三房兩廳的家！我花了一億日圓

12 譯註：依民法規定，區分所有是指「數人區分一建築物而各有其專有部分，並就其共用部分按其應有部分有所有權」。

13 譯註：超高層大廈又譯為「塔式大廈」，通常是指二十層樓以上的高級公寓。

呢」的人？

聽到這句話，普通人往往會回答「好厲害」！但這世界上的億萬富翁則會由衷地擔心「這個人沒問題吧」？因為在一間價值一億日圓的獨立套房（區分所有）當中，也可以用隔間牆隔出三房兩廳。就如同我剛才提過的，這樣的投資相當危險。

購買自用住宅也是一樣，兩者的差異只在於自住或出租給他人。

我不僅在我們的社群裡反覆傳達這件事，我自己也實際運用槓桿購買了一些具有擔保價值的物件，其面積共約兩千坪，相當於一座足球場的大小。

我想，正是因為我已經先開闢了不動產投資的途徑，所以社群成員們也紛紛開始進行不動產投資。

幸福億萬富翁的祕訣

38

不會購買一間區分所有的獨立套房，而是選擇購買數個價值一億日圓的物件。

對「金融資本」太不在乎的人

當然，並非所有的億萬富翁都會投資不動產，而我在這裡也沒有特別推薦你這麼做，各種類型的投資都有風險存在，同時也必須花費時間。

以前，我曾經很白痴地在爛醉如泥的狀態下進行股票投資。那時，我把美金誤當作日圓，並且以很恐怖的金額買進美國股票，結果損失慘重。我有過好幾次這種愚蠢的失敗經驗，才終於到達今天這個階段。

我在本書中反覆重申，我認為這世界上沒有「只要投資這樣東西，就能快速且輕鬆地變成有錢人」這麼好的事。假如有人這樣說，你應該先懷疑他才對。

希望你可以藉由這本書，開始思考和「金融資本」有關的事，因為它和「人力資本」與「社會資本」同樣重要。我看過很多人擁有良好的人際關係、工作能力，以及以此賺錢的能力，卻毫不在意「金融資本」，最後因為受傷、生病等意外之事，人生急轉直下。

俗話說「人窮志短」，只要家道中落、人生跌入低谷的人頹廢喪志，好不容易建立起來的社會資本也會因此崩解，我覺得這是非常可惜的一件事。

我們人類遲早會迎來衰老與死亡，隨著身體逐漸老化，應該有許多人的人力資本也會跟著減少。**此時，你能守護的就是「金融資本」**。

過去的億萬富翁為了擴充、維持這項金融資本，多半都會利用瑞士等地的私人銀行。然而，最近我身旁的億萬富翁們變得有點不同了。

這些億萬富翁（包括新興事業成功者在內）有很多人都一邊自己學習投

資，一邊積極地運用金錢，他們這麼做的理由很簡單：在現今這個時代，個人投資者和私人銀行的投資手法幾乎沒有差別。

不動產投資也是這樣，在資訊透明化的大城市，你和專業投資人所使用的投資手法差異並沒有那麼大。到頭來，這還是和你是否有好好地學習投資有關。

我認為，**在投資的世界裡，把時間當作朋友的人就能獲勝。請快點學習，並將你的金融資本投入金融市場吧！**

幸福億萬富翁的祕訣

39

在失敗中持續學習投資。

終章

擁有社群的人終將贏得勝利

——受人歡迎的領導者都這麼做

在社群裡「絕對不能做的事」是什麼？

本書即將進入尾聲。最後，讓我們來探討一下幸福億萬富翁的生活與思考模式。

在公司裡，經常會聽到「上下班」這樣的說法。只要過了上班時間，公司就沒有立場再叫員工做這做那，但就如同本書中提過的，**在幸福億萬富翁的生活模式裡，「上下班」這種概念根本不存在**。不僅如此，他們還會把各式各樣的興趣、娛樂與人際關係，自然地和增加資產、事業成長連結在一起。

所以坦白說，對於想成為億萬富翁且仿效其生活方式的你來說，「下午五點以後做的事」和「下午五點以前做的事」之間的差別並不大。

在沒有上下班概念、工作與私生活界線模糊的社群中，**比起公司，社群成員的失控行為，在某種程度上更有可能對社群整體產生不良影響**。

所以，抱持這種想法的我，嚴禁成員們在社群裡做以下這些事：

①慫恿他人進行金融炒作、加入直銷或宗教團體。

②殘酷無情地批評別人。雖然我也會開各種玩笑，但絕對不能說傷害他人的壞話。

③製造派系。

只有在面對上述這三點時，我的態度會很強硬、毫無例外，假如不這麼做的話，夥伴們會感覺待在社群裡不太舒服，這樣的情況將導致事業停滯不前。

和做出這些事的人針鋒相對，你可能會招人怨恨；但倘若你不正視這個問題、選擇逃避，你絕對不可能把社群建立起來。

幸福億萬富翁的祕訣

40

在心裡確立「不能這麼做」的規矩。

重視「以人為鏡」

在中國的歷代王朝裡，唐太宗被譽為最傑出的皇帝——《貞觀政要》這部著名古籍所記載的就是唐太宗的言行事蹟。

《貞觀政要》中提到了三面鏡子：「以銅為鏡」、「以古為鏡」、「以人為鏡」。在日常生活裡，用銅當作鏡子，能端正衣冠、整理儀容；用歷史做為鏡子，可以知曉歷代的興衰更替；用人當作鏡子，則能明白自身的得失對錯。

前兩者或許自己一個人就可以做到，**唯獨以人為鏡，必須有人願意對你提出意見才行**。

當你做出錯誤的判斷與行為時，絕對需要有人跟你說「這樣是不對的」。你的地位越高、權力越大，那麼你的周遭就越難有這種人存在。然而，權力確實會使人腐化，所以對這項恐怖事實深有所感的我在推動各項專案時，都會至少「找一個人做為我的鏡子」。

我會從各項專案中，選出最優秀、人品最好，同時也最投入的人，以他為鏡。然後，我會請他從不同的角度，不停地對我提出各種看法——每次我都會把這些意見反映在該項專案上（當然，我還是有否決對方的時候）。

聽到我這麼說，應該會有人感嘆「我身邊沒有人能成為我的鏡子」吧，但不必想得這麼困難，因為以人為鏡時，對象不是某個特定的人也沒關係。舉例來說，賣手機的人可以從銷售人員的工作職掌與層級來給予意見，在代理商擔任經理的人，則可以從該職位的工作職掌與層級來提供意見。同理，工程師、律師、公關專家等也都是如此。

換句話說，身為社群領導者的你，得好好地傾聽各種立場的觀點，有時你也必須將這些意見反映到社群裡。

在你們的社群中，如果有能公平地聆聽各種意見的人，一定要加以提攜——當社群規模變大時，具備這種能力的人確實會漸露鋒芒，不過並不是因為這些人變得堅持己見、氣焰高漲，而是我們會發現他們的周圍聚集了許多很好的人。

不放過這樣的人才，提拔他們、使他們得以進一步各展所長，我想這應該就是幸福億萬富翁的思維。

幸福億萬富翁的祕訣
41

和打從心底信任的人「商量」。

不要製造出「第二號人物」

曾經有律師與媒體人問我「你們社群裡的第二號人物是誰」、「你們的四大天王是誰」之類的問題，但我不會在社群中製造出這種人，因為我一直都覺得只要在各個領域建立排名，然後**讓前幾名的人負責主持那個領域就好**。

職業運動員和「團隊建立與共同合作」方面的專家也是一樣（這和年齡

與職業無關）。我始終深信讓「現在能創造業績的人」來主導一切會比較妥當，這和我是否喜歡這些人毫無關聯，而且沒有任何例外，因為我不在乎過程，**全憑業績數字來定勝負**。

在「只聽從自己的組織」會遭遇成長極限

我不了解這些人的背景，我們永遠不可能明白別人的真實背景。在最清楚彼此底細的夫妻當中，有百分之五十的機率會離婚或實質離婚，所以我很確信像我這種低等人，是不可能真正了解他人的背景的。

若是奉行實力主義且毫無例外，社群成員就能盡情地發揮所長，因為看高層臉色並揣摩上意，是完全沒有意義的事。在我們的社群裡，年齡、學歷、國籍、種族、性別等屬性沒有任何意義，更不用說進行決策時絕對不會在我一聲令下就做出決定。相反地，只要專心創造出業績即可。

話雖如此，由於日本受儒家思想影響很深，所以不管創造出多出色的業績，我還是會嚴厲地要求社群成員對長輩說敬語，同時也反覆呼籲重視其他禮節。

不過，謹記禮節、對長輩使用敬語的年輕人，在面對和「團隊建立與共同合作」有關的議題時，還是會跟這些年長者明確地說「不」。

每當我看見這樣的年輕人及那些被世人當成笨蛋的人時，我都打從心底感到開心，因為億萬富翁都明白，擁有這種文化的社群將得以持續蓬勃發展。

幸福億萬富翁的祕訣

42

重視業績數字、提拔具備實力的人。

設定適當的目標能讓人成長

我經常把「即早準備」掛在嘴邊。比方說，我們設定了「在隔年一月以前存到一百萬日圓」的目標。此時，假如從十二月開始行動，時間就只有一個月，而且要在一個月內存一百萬日圓，感覺就像是攀爬陡峭的斜坡，可能還沒付諸實行就放棄了。

但如果不是從十二月、而是從二月就展開行動，那又會如何呢？如此一來，由於是在「十一個月內存一百萬日圓」，所以困難度就會變得和緩許多。

不過，在這樣的狀況下，大家可能會覺得「時間還非常充裕，一定能達成目標」，反而變得不太想努力了。

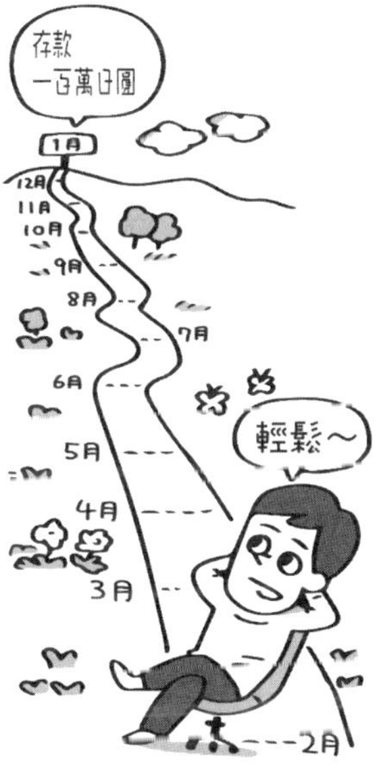

由此可知：目標太過嚴苛，人們會因此失去動力；目標太過輕鬆，人們不會認真看待。

現在讓我們來具體思考一下。我們的工作時常要舉辦活動，假設我們將在隔年一月舉行某項活動，並且設定了「招攬一百名顧客」的目標，倘若一個月前才宣布這項目標，結果會怎樣呢？我相信，即便從現在開始召集認識的人，也不太可能募集到一百人。此時，也許有很多人就會說「這種事我辦不到」，然後直接放棄。

假如在那一年的二月就聲明這項目標，社群成員則會心想「還很久以後的事」，所以多數人應該不會立刻去跟自己的朋友們打招呼。

然而，如果是在約三個月前提出這項課題，然後說「就交給你們了」，情況又會如何呢？因為獨自一人展開行動不知道能募集多少客人，所以在這樣的狀況下，大家就會把夥伴們聚集起來、共同商量，並思考像是製作傳單、在社群媒體上發布訊息之類的集客方法。

只要設定適當的目標，就能讓成員們反覆嘗試，並找到適合自己的做法——我的意思是，只要設定「在何時之前」、「想做什麼事」就好。你不覺得這種管理方式十分理想嗎？

幸福億萬富翁的祕訣

43

不告訴夥伴們確切的做法。

億萬富翁非常喜歡「願意挑戰難題」的人！

過去，我們社群中成立的公司曾經發生過這樣的事。

多虧夥伴們的協助，這家公司陸續拓展通路，業績蒸蒸日上。然而，該公司的社長R君因為過度追求業績，開發了超出公司負荷能力的通路數量。在R君沒有察覺的情況下，公司內部陷入了混亂狀態。

有一天，留在公司徹夜工作的R君收到一封電子郵件，他們在東南亞某個城市開發的客戶來信詢問：「今天之內要交貨的商品還沒送到，狀況還好嗎？」

公司員工在他的質問之下，不停地道歉：「對不起！我忘記了。」

聽到這句話快昏倒的R君一邊在辦公室內來回踱步，一邊嚷嚷並思考著「該怎麼辦」？據說，在他思索要怎麼為了延遲交貨一事道歉時，突然靈光一閃：「**只能我搭飛機送去當地了吧！**」

請容我再說一次，那位客戶位於東南亞的某個城市，而商品的價格大約是一千日圓。雖然這麼做根本就是嚴重虧損，但他還是坐飛機到那個城市，把商品親自交到客戶手上。

有投資這家公司的我和其他夥伴並沒有責怪他。有的時候，人就是會遇到這種異常困難的難題，我們會透過面對這樣的難題而成長，而R君本身也因為這件事而獲得很大的成長。

看見親自飛到東南亞的R君時，我覺得自己又多了一位能相互砥礪的夥伴，並因此感到開心。我過去沒做到的事、無法實現的目標，我相信下一個世代的R君等人應該能替我完成，倘若R君這個世代也辦不到，那麼再下一個世代應該就可以達成了吧！

世界在變化，自己也會跟著轉變：某家公司逐漸擴張，然後衰退；某項技術流行起來，然後變得過時；某支股票的股價飛漲，然後下跌；某種商業模式逐漸擴展，然後衰落；某種科技興起，然後變得落伍。在這樣的情況下，我相信**社群能提供恆久不變的價值**。

在本書中學到建立社群的思維與做法之後，我希望你務必付諸實行——

我衷心期盼可以和你一起將社群建立起來。

幸福億萬富翁的祕訣

44

就算失敗了，也要相信還有其他能代替自己成功的夥伴。

結語

辛苦了！非常感謝你一直讀到最後。

讀了這本書後，應該會有人心想「這種事我做不到，就算不能成為億萬富翁，那也沒關係。我只想像以前一樣，專心努力做個上班族」，我覺得那也無所謂，因為閱讀本書的你已經與過去不同。

哪怕只有些許改變，你也已經變成不一樣的人了，這就像在健身房揮灑汗水，或者去參觀高級美術館，現在的你已經變得與以前不一樣。

今後，你在做出某種選擇或決斷時，腦海裡應該會浮現本書所提過的某些資訊，屆時你或許不會想起它們是出自嶋村吉洋的這本書，那也無妨。假如你能藉由腦中的這些資訊，做出有效的選擇或決斷，並且讓你的人生變得更美好，我就會覺得我寫了這本書真是太好了，能夠透過本書與你相遇，我由衷地感謝。

藉由這個機會，我要先感謝我的母親，她是我的寶貝。能當您的孩子真好，我好喜歡、好喜歡您！謝謝您。

接下來，我要向我的社群夥伴表示感謝。如果少了你們，這本書就無法問世，你們成就了我的人生，請多多購買本書。

另外，我也要向在我撰寫本書時提供協助的夏川賀央先生、上岡正明先生、高野真一先生，以及 PHP 研究所的商業書主編大隅元先生致上最誠摯的謝意。

嶋村吉洋

幸福億萬富翁的祕訣

45

不斷反覆閱讀這本書。

となりの億万長者が１７時になったらやっていること 大富豪が教える「一生困らない」お金のしくみ

隔壁的億萬富翁在下午 5 點以後會做的事

從日常小事開始的 45 個原子習慣與致富思維

作　　者｜嶋村吉洋

翻　　譯｜実瑠茜

社　　長｜林宜澐
責任編輯｜鄭雪如
美術設計｜李偉涵
內頁排版｜張峻榤
企劃經理｜沈嘉悅

出版｜蔚藍文化出版股份有限公司
地址：110408 台北市信義區基隆路一段 176 號 5 樓之 1
電話：02-2243-1897
臉書：https://www.facebook.com/AZUREPUBLISH/
讀者服務信箱：azurebks@gmail.com

總經銷｜大和書報圖書股份有限公司
地址：248020 新北市新莊區五工五路 2 號
電話：02-8990-2588

法律顧問｜眾律國際法律事務所
著作權律師：范國華律師
電話：02-2759-5585
網站：www.zoomlaw.net

印 刷｜世和印製企業有限公司
ISBN ｜ 978-626-7275-81-8
定 價｜ 390 元
初版一刷｜ 2025 年 7 月

國家圖書館出版品預行編目（CIP）資料

隔壁的億萬富翁在下午 5 點以後會做的事：從日常小事開始的 45 個原子習慣與致富思維 / 嶋村吉洋著；実瑠茜譯．-- 初版．-- 臺北市：蔚藍文化出版股份有限公司，2025.07, 224 面；14.8×21 公分

譯自：となりの億万長者が１７時になったらやっていること：大富豪が教える「一生困らない」お金のしくみ

ISBN 978-626-7275-81-8(平裝)

1.CST: 成功法

177.2 114006359